KB161300

경세미녀의
세금 지우개

절세미녀의 세금 지우개

김희연 지음

한스미디어

절세節稅미녀,
초보 사장님들을 위해
세금 디자이너가 되다

제가 책을 쓰게 될 줄은 몰랐습니다. 변호사 시험에 합격하고 나면 대형 로펌에서 일을 하듯, 회계사들의 경우 한국공인회계사라는 자격증을 획득한 후 대부분 회계법인에 입사하게 됩니다. 저 또한 국내에서 손꼽히는 대형 회계법인에 입사했고, 직장인으로서 안정적인 생활을 하고 있었습니다.

열심히 직장생활을 하던 중 직장생활 3년차에 많이 찾아온다던 직장인 사춘기가 저에게도 어김없이 찾아왔습니다. 평범한 일상 속에서 일과 삶에 권태를 느끼고 있던 중 평소 즐겨 찾던 인터넷 의류 쇼핑몰의 사업자 분들을 보면서, 저들은 여행도 다니고 예쁜 옷도 마음껏 입을 수 있어 부럽다는 막연한 동경을 가지게 되었습니다.

이후 별다른 준비도 없이 퇴사를 결심하고 인터넷 의류 쇼핑몰 사업에 무작정 뛰어들었습니다. 남들은 그 좋은 직장을 그만두는 건 미친 짓이라고 했지만, 그때는 사업가가 되어야만 내 삶의 방향을 주관대로 선택할 수 있는 자유와 경제적 풍요로움 모두 가질 수 있다고 판단했습니다. 또한 도매업자로부터 직접 옷을 구입하고, 피팅모델도 직접 하고, 배송도 집에서 직접 한다면 원가 경쟁력을 가질 수 있어 성공할 수 있다고 믿었습니다.

그러나 현실은 생각보다 냉혹했습니다. 제가 쇼핑몰 사업에 뛰어든 시기에는 여성의류 쇼핑몰, 특히 온라인시장이 이미 포화 상태였고 가격 경쟁이 매우 치열했습니다. 준비 없이 사업에 뛰어든 저에게는 고생의 나날들이었습니다. 옷을 떼기 위해 동대문 시장을 새벽마다 혼자 돌아다녀야 했고 배송과 고객 대응, 그리고 홈페이지 관리까지 전부 혼자 배워서 소화하려니 이만저만 힘든 게 아니었습니다.

저는 사업을 시작한 지 얼마 되지 않아 늘어나는 재고와 유지비를 감당하기 어렵다고 판단했고, 사업 실패를 인정할 수밖에 없었습니다. 그때 결국 돈을 버는 사람들은 소매업자가 아닌 의류 도매업자들이 아닐까 하는 생각을 했습니다. 그런데 사업을 하며 친분을 쌓은 도매업 사장님들에게 어느 정도의 마진이 남는지 슬쩍 물어보니, 그들도 세금을 내고 나면 남는 게 하나도 없다고 하소연을 하는 것이 아니겠습니까?

사장님들, 세금도 모르고 어떻게 사업하시나요?

대형 회계법인에서 대기업의 세무 조정 등 세금 관련 업무를 진행했던 저로서는 상식적으로 이해가 되지 않았습니다. 세금이라는 것은 내가 벌어들이는 순수입에 대해 부과되는 것인데 어떻게 세금을 내면 남는 게 없는 것인지 말입니다. 그때 많은 사업자들의 세금 납부 방법에 뭔가 문제가 있다는 것을 알았습니다. 그렇다면 무엇이 잘못된 것일까요?

제가 파악한 가장 큰 문제는 자영업자들은 세금을 줄이는 방법에 정말 무지하다는 것이었습니다. 대기업들은 우리나라에서 실력 있는 세금 전문가들을 동원하여 어떻게든 세금을 줄이기 위하여 각종 세액 감면을 검토하고 세무조사라는 리스크를 사전에 예방합니다. 하지만 정작 자금 사정이 취약한 영세 기업들과 자영업자들은 실질적으로 혼자 힘으로는 세금을 줄이는 방법을 찾기가 어렵다는 결론을 내리게 되었습니다.

그 후 저는 친분이 있었던 몇몇 도매업자들의 세금 상담을 도와주게 되었고 절세 전략이 중소기업 임직원과 자영업자들에게 꼭 필요한 것이며, 반드시 세금에 대한 지식이 있어야만 사업을 성장시킬 수 있음을 확신하게 되었습니다. 결국 의류 쇼핑몰 일은 조금 제쳐두고 도매업자들의 세금 문제를 도와주는 것에 많은 시간을 쓰게 되었습니다. 이후 몇몇 업체를 고객으로 하여 세금을 디자인하는 세무회계

사무소까지 열게 되었습니다.

'세금 디자인'이라고 해서 거창하게 생각할 필요는 전혀 없습니다. 세금으로 발생할 수 있는 문제를 사전에 예방하고 세액을 미리 예측하여 미리미리 자금 계획을 세우는 것, 그리고 내지 않아도 될 세금을 내지 않도록 하는 것, 이것이 바로 세금 디자인입니다. 저의 궁극적인 목표는 세금 디자인을 통해서 중소 자영업자들의 사업이 성공하도록 돕는 것입니다. 그분들이 튼튼한 경제력을 갖게 되면 그것이 우리나라 전체 경제에도 도움이 된다는 확신을 가지고 열심히 일하고 있습니다.

부자가 되려면 세금 디자인부터 배우세요

우리는 왜 세금 디자이너가 되어야 할까요? 그것이 바로 부자가 되는 기본 중 기본이기 때문입니다. 부자들은 항상 세금을 염두에 두고 경제 활동을 합니다. 지금 이 글을 보고 있는 당신이 세금 걱정을 하고 있지 않다면 아마 당신은 부자가 아닐 확률이 높습니다. 부자가 되려면 소위 '남는 돈'이 많아야 합니다. 매출이 높다고 하여 꼭 부자인 것은 아닙니다. 세금을 제하고도 남는 것이 많아야 진짜 부자입니다.

서비스업은 비용이 거의 없고, 매출액이 거의 순수입으로 연결되는 경우가 대부분입니다. 실제로 고객 중 어떤 분은 연 매출액이 약 50억 원이 되는 데 반해 지출하는 비용이 1억 원 정도밖에 되지 않아

일 년에 벌어들이는 순수입이 49억 원 정도였습니다. 반면에 인터넷 쇼핑몰 같이 도소매업체의 경우 연 매출액이 50억 원이라고 하더라도 상품 매입과 재고 및 인건비, 임차료 등의 비용을 빼고 1~2억 원 정도의 돈만 수익으로 가져가는 분들도 있습니다. 세금은 기본적으로 매출액에서 모든 비용을 차감한 순수입에 대해 부과되기 때문에 합법적으로 내가 쓴 비용을 증명하는 것이 굉장히 중요합니다.

자본주의 사회에서는 국가(와 지방자치단체)가 국민(과 지역민)의 '남는 돈' 일부를 세금으로 떼어다가 국가(및 지방자치단체)의 살림살이에 보태게 됩니다. 예를 들어 개인이 사업을 통해 벌어들인 '남는 돈'은 금액에 따라 '종합소득세'라는 이름으로 6~42%를 납부하여야 하고, 법인이 벌어들인 '남는 돈'은 '법인세'로 10~25% 부과됩니다.

이때 대한민국의 세금은 기본적으로 누진세의 방식으로 부과됩니다. 즉, 남는 돈이 많을수록 부과되는 세금의 비율이 높습니다(돈을 많이 벌면 당연히 세금을 많이 내야 하는 것이 아닌가 하고 생각할 수 있습니다만 단순히 금액에 비례하여 많이 내는 것이 아니라 금액에 따라 누적되어 적용되는 세율 자체가 달라집니다). 때문에 남는 돈이 많은 부자들은 항상 세금을 미리 예측하고 절세 전략을 세우는 것입니다.

일전에 인기 코미디언 박수홍 씨가 연예인들은 버는 돈의 40%를 꼭 세금으로 저축해두어야 한다고 모 프로그램에서 언급한 적이 있는데, 이처럼 부자들은 이런 세금 디자인에 대한 기본 개념이 자리 잡혀 있습니다. 반면, 이러한 개념이 자리 잡혀 있지 않은 사람들은 당장 번 돈을 내 돈이라 생각하여 대부분을 소비한 뒤, 준비를 하지 못한 상황에서 세금을 내야 되는 시기가 되면 내 돈을 몽땅 세금으로 내는 듯하여 불합리함을 느낄 수밖에 없습니다.

국가는 결코 돈을 벌지 못한 국민에게 세금을 부과하지 않습니다. 다시 한 번 말씀드리지만 제가 이 일을 하면서 확실하게 느낀 것은, 부자가 된 사람들은 왜 세금이 발생했고, 왜 그만큼의 돈을 내야 하는지 알고 있는 사람들입니다. 또한 어떻게 해야 합법적으로 세금을 줄일 수 있는지 정확히 알고 있는 사람들입니다. 그리고 그것을 기반으로 앞으로의 사업과 관련한 자금 계획을 세우는 사람들이라는 것입니다. 이 글을 보는 많은 분들은 머리 아픈 세금은 신경 쓰고 싶지 않고 그냥 세무사, 회계사들에게 맡기면 된다고 생각할 수도 있습니다. 하지만 저와 같은 세무대리인은 조력자로서 컨설팅을 해드릴 순 있지만 이것만으로 모든 고객을 부자로 만들어주지는 못합니다.

잘 몰라서, 제때를 못 맞춰서
세금으로 탈탈 털리는 사장님들을 위해 썼습니다

그렇다면 세금 디자인이라는 것이 그렇게 어려운 걸까요? 절대 아닙니다. 세금 디자이너가 되기 위해서는 이 책에서 소개하는 기본적인 몇 가지 상식만 기억해두면 됩니다. 요즘은 국세청 홈택스 시스템 자체도 납세자가 편리하게 사용할 수 있도록 마련되어 있습니다. 심지어 최근에는 사업자들이 ARS를 통해 번호만 몇 번 누르면 세금 신고를 스스로 완료할 수 있는 '모두채움신고서'라는 제도도 운영되고 있습니다.

세무회계 사무소 개업 초기에, 사무실로 한 분식점 사장님이 찾아오셨습니다. 이 사장님은 월 매출액이 약 200~300만 원 정도 되는 영세한 사업을 운영하고 계셨습니다. 이것저것 이야기하다보니 현재 세무사 사무실에 11만 원의 기장료를 주고 기장을 하고 계시다는 것을 알게 되었습니다. 3년째 분식집을 운영하고 계신데, 3년 동안 매달 기장료를 지불했고 더욱이 일 년에 한 번은 40~50만 원의 조정료까지 지급했다는 이야기를 듣고 굉장히 안타까웠습니다.

이런 분들은 세무대리인을 통하지 않고도 세무서에 방문하거나 '모두채움신고서' 등을 통해서 무료로 신고가 가능하기 때문에 굳이 비용을 내고 기장을 하지 않아도 되기 때문입니다. 이런 분들은 신고 일정만 정확히 잘 알고 계신다면, 친절히 날아오는 국세청 안내문을 읽고 혼자서도 세무서를 방문하여 세금 신고를 진행할 수 있습니다

제가 이 책을 쓰게 된 이유도 이런 자영업자들이 스스로 세금 디자이너가 되어 수수료도 아끼고 세금도 줄일 수 있도록 돕기 위해서입니다. 물론 혼자 세금을 신고하는 경우에는 실수를 하거나 절세를 잘 하지 못하는 경우도 있습니다. 하지만 매출액이 적은 분들은 큰 문제가 일어날 확률이 적고 절세를 할 수 있는 금액도 크지 않기 때문에 혼자 진행하는 것이 훨씬 더 나은 경우가 많습니다.

세금 디자이너가 되기 위한 마인드셋

세금 디자이너가 되기 위해서 기본적으로 가져야 할 마음가짐이 있습니다.

세무회계 사무소를 개업하고 며칠 지나지 않아 한 사장님이 다짜고짜 화를 내면서 저희 사무실에 들어오신 적이 있습니다. 말씀을 들어보니 세금 신고를 의뢰한 세무사가 세금을 줄이지 못하고 능력이 없다고 하시는 것이 아니겠습니까. 그분의 신고서와 장부를 받아 분석해보니 세무사는 정직하고 합법적으로 세금을 신고하고 있었고, 따라서 저는 아주 관리를 잘 받고 계신 것이라고 말씀드렸지만 그 사장님은 이렇게 말씀하셨습니다.

"아니, 사업하는 사람이 있는 그대로 세금을 다 신고하려면 무엇 때문에 세무사한테 맡깁니까. 세무사가 알아서 가공 세금계산서도 끊어다주고 없는 비용도 만들어서 넣어줘야 하는 거 아니에요?"

세무대리인은 무조건 세금을 줄여주는 존재가 아닙니다. 이렇게 말씀하는 분들은 그것이 절세라고 생각하겠지만 결국 탈세를 요구하는 것입니다. 무조건 세금을 줄이는 것이 세무대리인의 능력이라고 오해하면 절대 안 됩니다.

세무대리인은 세금 신고를 정확하고 합법적으로 진행하여 나중에 문제가 없도록 도와드리는 존재입니다. 무리한 요구로 문제가 발생하면 화살은 결국 납세자에게 돌아옵니다. 법을 어기고 이치에 맞지 않는 절세는 탈세로 이어지고 그것은 세무조사로 이어질 확률이 높습니다. 사업장을 운영하는 분들 중 세무조사로 인해 결국 폐업했다는 이야기를 주변에서 심심치 않게 들어보았을 것입니다.

실제로 저도 쇼핑몰을 운영하면서 대형 쇼핑몰에 독점으로 엄청난 물량을 공급하던 도매업체가 폐업한 것을 보고 의아했던 적이 있습니다. 나중에 알고 보니 그 업체는 세무조사를 받으면서 경영이 급속히 악화됐던 것이었습니다. 그 업체의 사장님이 세금의 기본 개념을 스스로 공부하고, 전문가의 조언을 제대로 들었더라면 어땠을까 하는 안타까움이 남습니다.

절세란, 내야 할 세금은 정확하게 파악하고 내지 않아도 되는 세금은 내지 않는 것입니다. 지금 당장은 어떻게든 세금을 적게 내서 여유 자금으로 사용하고 싶을 수도 있지만 내가 내야 할 세금으로 누리는 행복은 나중에 두세 배의 고통이 되어 돌아올 수 있습니다.

맞습니다. 세금 디자이너가 되기 위한 첫걸음은 절세와 탈세를 잘 구분하는 것입니다.

그럼 이제 본격적으로 절세미녀와 함께
사장님들이 두고두고 활용할 수 있는
절세 방법에 대해 알아보겠습니다

✎ 목차

2장 부자가 되기 위한 세금 기초 상식

세무 트렌드 리포트

유튜버도 국세청의 레이더망을 피할 수 없다

4장 슈퍼리치들의 절세 방법은 따로 있다

1장

사업 시작하기 전에 세우는
세금 계획

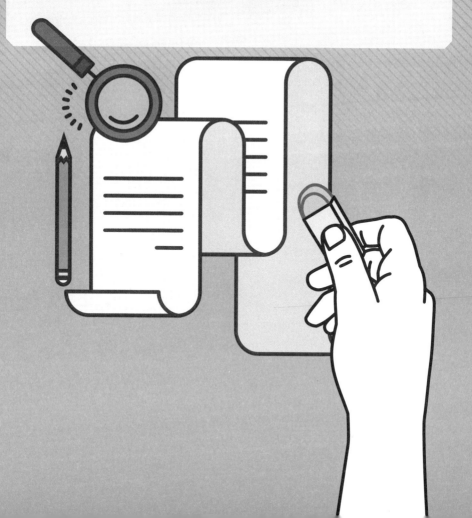

창업을 준비하는 사장님들이라면
'세금 계획'부터 탄탄하게 세워야 합니다.
그래야 나중에 손해 보는 일이 없기 때문이죠.
이미 사업을 꾸려가고 있는 사장님들이라면
혹시 놓친 부분이 없는지 한번 체크해보세요!

01

사업자 등록
언제 해야 할까요?

사업을 시작하는 분들은 사업 준비 계획이 세워졌다면 본격적으로 일을 시작하기 전에 '사업자 등록'부터 하는 것이 좋습니다.

특히 사업자 등록은 본격적으로 매출이 발생하지 않는다고 하더라도 사업 관련 비용이 지출되는 시점부터 미리 하는 것이 좋습니다. 창업 관련 상담을 하다보면 준비 단계에 사업자 등록을 하지 않고 한참 후에 하여 크게 손해 보는 경우를 종종 봅니다.

예를 들어, 커피숍을 여는 사장님이라고 가정해보겠습니다. 보통은 사업장을 구하고 임대차계약서를 작성하고 나면 인테리어를 하게 되는데, 그 전에 반드시 사업자 등록 신청부터 해야 합니다. 커피숍의 경우 인테리어 하는 데 들어가는 비용이 평균적으로 5,000만 원에서 1억 원 정도 발생합니다. 이러한 비용들에는 보통 부가세 10%가 포함되어 있습니다. 인테리어 비용이 1억 원일 경우, 부가세 10%에 해당하는 1,000만 원은 사업자등록번호로 세금계산서를 발급받고 나중에 부가세 신고 절차를 통해 이를 반영한다면 환급받을 수 있습니다. 그런데 이를 모르고 사업자 등록을 늦게 해버리면 사업 준비에 들어간 비용이라는 것을 입증하지 못하여, 인테리어 비용에 쓰인 부가세 1,000만 원을 환급받지 못하는 결과가 발생합니다.

사업 시작 전에 사업자 등록부터

사업자 등록이란, 세무서에 내가 앞으로 어떤 종류의 사업을 시작할 건지 알려주는 절차입니다. 사업자가 세무서에 사업자 등록을 신청하면 세무서는 사업자한테 사업자등록번호라는 것을 부여하고 사업자등록번호별로 세금을 부과합니다.

사업자 등록은 계속적·반복적으로 재화나 용역을 공급하는 경우 사업자에 해당되어 무조건 해야 하며, 사업장별로 사업 개시일부터 20일 이내에 신청해야 합니다. 만약 제때 사업자 등록을 하지 못했다면 어떻게 해야 할까요?

매출액이 발생하고 부가세법상 과세기간(1/1~6/30, 7/1~12/31)이 지난 20일 이내에 사업자 등록을 신청한 경우라면, 등록 신청일부터 매출액이 발생한 날이 속한 과세 기간 시작일까지(예를 들어,

1/1~6/30은 1/1이고 7/1~12/31은 7/1임) 역산한 기간 이내의 비용에 포함된 부가세액을 부가세 신고 시 공제해주도록 허용하고 있습니다.

즉, 5/31에 매출액이 발생한 경우 원칙적으로는 6/20까지 사업자 등록을 해야 합니다. 만약 그때 하지 못했다면 적어도 7/20까지는 사업자 등록을 해야만 가산세도 부과되지 않고 매출액과 관련된 비용의 부가세도 부가세 신고 시 공제가 가능합니다. 만일 불가피하게 사업자등록번호가 나오기 전 세금계산서나 계산서를 수취해야 한다면, 일단 주민등록번호로 증빙을 수취해두었다가 사업자등록번호가 나오면 수정하는 것이 좋습니다.

사업자 등록은
어디서 어떻게 하나요?

사업자 등록은 기본적으로 신분증과 임대차계약서를 구비하여 근처 세무서 민원봉사실을 찾아가면 됩니다. 요즘은 국세청 홈택스 사이트를 통해서 온라인으로 사업자 등록을 편리하게 할 수 있습니다. 인터넷에 익숙하지 않은 분들은 사업자 등록을 할 때 되도록 세무서를 방문하는 것을 추천합니다.

이때 카페나 음식점, 미용실 등 영업에 관한 허가나 신고가 필요한 일부 업종의 경우 사업자 등록 신청을 하기 전에 먼저 가까운 시, 군, 구청 등에서 영업 허가 혹은 신고를 먼저 해야 합니다. 해당 구청에서 영업에 관한 허가 혹은 신고가 승인되면 해당 영업신고증 혹은 영업허가증을 가지고 세무서를 방문하면 됩니다.

법인사업자의 경우에는 변호사 혹은 법무사를 통해 법원에서 법인 등기 절차를 밟아 법인 등기부등본이 발급되면 국세청에서 법인사업자 등록을 할 수 있습니다. 업종별·형태별로 구비서류가 달라질 수 있으니 근처 세무서에서 유선 통화를 통해 구비서류를 확인한 후 방문하면 세무서를 두세 번씩 가는 일을 방지할 수 있습니다. 가까운 세무서의 위치는 국세청 사이트에서 손쉽게 찾아볼 수 있습니다.

⊕ 이렇게 하세요

국세청(www.nts.go.kr) ⇒ 국세청 소개 ⇒ 전국세무관서

소규모 1인 사업도 '사업자 등록' 잊지 마세요

만약 사업장을 별도로 임차하지 않고 작게 시작하는 경우라면 집 주소로 사업자 등록을 내는 것도 가능합니다. 1인 주주 법인의 경우에도 집 주소로 사업자 등록이 가능합니다. 최근 이슈가 되었던 '푸드 트럭'의 경우도 집 주소로 사업자 등록을 내는 대표적인 업종에 해당합니다. 푸드 트럭은 카페나 음식점처럼 사람이 먹는 음식을 판매하는 업종이기 때문에 인허가 업종으로 분류가 돼서 구청에서 허가를 받은 다음, 이 허가증을 갖고 세무서를 방문하여 집 주소로 사업자 등록을 신청하면 됩니다.

사업자 등록하기

개인사업자

하나　영업 허가 혹은 신고가 필요한 경우
　　　가까운 시·군·구청부터 방문
둘　　영업 허가·신고가 승인되면 세무서 방문하여
　　　개인사업자 등록 신청

법인사업자

하나　변호사 혹은 법무사 통해
　　　법인 등기 신청
둘　　영업 허가 혹은 신고가 필요한 경우
　　　시·군·구청에 방문
셋　　법인등기부등본, 영업 허가, 신고증 및
　　　기타 구비서류 지참한 뒤 세무서 방문하여
　　　법인사업자 등록 신청

그리고 요즘 직장을 다니면서 부업으로 블로그, 인스타 등과 같이 SNS를 통해 마켓을 운영하는 등 사업장을 따로 임차하지 않고 사업을 시작하는 경우에도 집 주소로 사업자 등록을 신청하면 됩니다.

이때 주의할 점은 사업 규모가 작다고 해서 사업자 등록 신청을 하지 않아도 된다고 생각하는 것입니다. 최근 오픈마켓에서 사업자 등록 없이 판매하다가 사업자 미등록에 대한 가산세와 세금 등으로 3,000만 원 정도 부과된 사례가 있었습니다. 국세청 전산시스템이 매우 고도화되어 오픈마켓의 거래 내역, 금융 거래 내역 등 여러 가지 종합적인 자료들로 사업자 등록 없이 판매되는 것들을 충분히 추적할 수 있습니다. 또한 탈세 제보 등도 굉장히 편리하게 되어 있어 이 부분도 유의해야 합니다.

사업자 등록을 하지 않으면 사업자 미등록에 대한 가산세는 물론이고 지출한 비용에 대해서 부가세를 공제받지 못할 수 있습니다. 오픈마켓에서 판매할 때 사업자 등록 후 간단한 세금 신고 절차를 진행했더라면 3,000만 원을 아낄 수 있었을 것인데, 이런 사례를 접할 때마다 안타까운 마음이 듭니다.

세무서를 직접 방문하지 않고 국세청 홈택스로 사업자 등록을 하려고 한다면 우선 홈택스 회원 가입 절차부터 진행해야 합니다. 개인 사업자의 경우에는 '주민등록번호'로 회원 가입을 진행하고, 법인사업자의 경우 대표자 개인의 '주민등록번호'로 회원 가입을 한 후 사업자 등록 절차를 진행할 수 있습니다. 홈택스 회원 가입에 대한 내용은 45쪽 '07 홈택스에 회원 가입하세요'를 참조하세요.

홈택스를 통해 사업자 등록을 신청하기에 앞서 사업자 등록 시 필요한 기본 구비서류(임대차계약서, 영업신고증, 신분증 등)는 미리 스캔해 두어야 합니다. 사업을 하다가 상호명이나 주소 등이 변경될 경우에도 홈택스에 들어가 정보를 수정하면 되니, 세무서에 직접 가지 않고도 편리하게 사업자등록증을 정정할 수 있습니다.

홈택스를 이용해 집에서도 편리하게 사업자 등록 신청 및 정정하기

⊕ 이렇게 하세요

국세청 홈택스(www.hometax.go.kr) ⇒ 신청/제출 ⇒ 사업자등록 신청/정정 등

개인사업자 VS 법인사업자
차이는?

창업을 계획 중인 분들 가운데 가장 많이 고민하는 단골 주제가 바로 '개인사업자'로 하느냐 '법인사업자'로 하느냐입니다.

또, 개인사업자로 사업체를 운영하다가 매출액이 올라가고 종합소득세 부담이 높아지면 법인사업자로 전환하는 것을 많이 고민합니다. 그렇다면 개인사업자와 법인사업자는 어떻게 다르고, 각각의 장단점은 무엇일까요?

일단 법인사업자와 개인사업자를 구분하는 방법을 말씀드리겠습니다. 사업을 하는 분들은 개인들의 주민등록번호처럼 '사업자등록번호'라는 것을 부여받고 주민등록증 같은 '사업자등록증'을 발급받습니다. 사업자등록증은 사업을 할 때 거래의 기본이 되는 것인데,

여기에 기재된 회사명에 '주식회사'나 '㈜'라는 용어가 붙어 있으면 법인사업자이고 이런 용어가 없을 경우 개인사업자입니다.

법인사업자의 경우 법으로 설립된 개체이고 개인사업자의 경우 자연인에 해당합니다. 법인사업자는 세법 측면에서 법인세법의 적용을 받고, 개인사업자는 소득세법의 적용을 받습니다. 이 두 가지 세법은 많은 부분이 다릅니다.

따라서 전문가의 구체적인 컨설팅 없이 법인으로 무심코 설립해버리거나, 개인사업자에서 법인으로 전환을 해버려 후회하는 경우를 많이 봅니다. 법인의 폐업 절차는 개인사업자처럼 간단하지도 않습니다. 더욱이 법인 설립 과정에서 일정의 비용이 들어가는데 법인 설립 후 가지급금 등이 발생하면 이러지도 저러지도 못하는 안타까운 경우가 일어나곤 합니다.

구체적인 개인사업자와 법인사업자의 차이를 살펴보겠습니다.

개인사업자와 법인사업자의 주요한 차이를 보면 개인사업자는 설립 절차가 법인에 비해 간단하고 비용이 거의 발생하지 않습니다. 또한 세율 측면에서 개인사업자는 6~42%까지 세율이 적용되지만, 법인사업자는 10~25% 세율이 적용됩니다. 법인사업자의 경우 개인사업자와 달리 대표자의 급여와 퇴직금을 비용 처리할 수 있습니다.

여기까지 보면 법인사업자가 개인사업자에 비해 유리하다고 판단할 수 있습니다. 하지만 개인사업자는 본인의 사업자 통장에서 개인적으로 출금을 하거나 개인통장으로 이체를 해도 세금이 과세되거

개인사업자와 법인사업자의 차이점

구분	개인사업자	법인사업자(주식회사)
설립 절차	설립 절차가 간단함	설립 절차가 복잡함
설립 비용	거의 안 듦	설립등기 비용, 등록면허세, 채권매입 비용 등의 설립 비용이 발생함
세 부담 차이	6~42%의 세율이 적용됨	10~25%의 세율이 적용됨
자금 인출	자유로움	자유롭지 않음(급여나 배당 등 과세 절차 필요)
과세 체계	종합소득세 부과	법인세 부과
대표자 급여	급여가 비용 인정 ×	급여를 비용 처리 가능함
배당	개인 기업은 배당 불가	주주에게 배당 가능
퇴직금	대표자 퇴직금 인정 ×	퇴직금을 지급받을 수 있음
자금조달	한계가 존재함	대규모 자금조달이 가능함
의사결정	자유롭고 신속함	이사회 등 협의가 필요함

나 제재 사항이 없는 반면, 법인사업자는 법인통장을 개인통장처럼 사용할 수 없습니다.

즉, 법인통장에 차곡차곡 쌓이는 돈은 대표자의 돈이 아니라 법인 소유의 돈이므로 법인통장에서 함부로 인출했다가는 가지급금으로 분류됩니다. 말하자면 법인으로부터 대표자가 돈을 빌려간 것으로 되어 법인에 대표자가 이자를 지급해야 하고, 법인에는 이러한 이자 소득에 대한 법인세를 내야 합니다. 추가적으로 법인 대표자의 상여로 처분되어 대표자가 근로소득세를 납부해야 할 수도 있습니다. 바로 이 점이 개인사업자들로 하여금 법인 전환을 꺼리게 하는 가장 큰 이유입니다.

한편, 2018년 개정 세법에 따르면 '성실신고확인대상 사업자'가 확대되었습니다. 성실신고확인대상 사업자란, 일정 매출액 기준 금액 이상인 사업자로, 5월에 종합소득세를 신고하는 일반사업자와 달리 6월에 종합소득세 신고를 하는 분들을 일컫습니다. 5월이 아니라 6월에 별도로 신고하는 이유는 고소득 자영업자들의 세금 탈루를 막기 위해 세무대리인으로 하여금 수입금액을 누락하거나 비용을 과다하게 넣지는 않았는지 기간을 더 주고 점검하도록 한 것입니다.

개인사업자의 매출액이 높아지면 6월에 매년 세무조사 같은 성실신고확인을 받아야 하므로 법인으로 전환하는 경우가 많이 있습니다. 하지만 성실신고확인대상 사업자라고 해서 무조건 법인으로 전환하는 것만이 정답은 아닙니다. 그럼 어떻게 의사결정을 하는 것이 좋을까요? 다음 챕터에서 살펴보겠습니다.

04

나에게 맞는
사업자 유형은?(개인 vs 법인)

개인사업자로 할지, 법인사업자로 할지 의사결정이 어려운 분들을 위해 저는 다음과 같이 말씀드립니다.

인건비 처리가 까다로운 사업장

첫 번째로 실무상 인건비를 전부 다 신고하지 못하는 업종인 경우에는 법인 전환이 적합하지 않을 수 있습니다. 인건비를 신고하지 못하는 경우란, 사업주가 비용 처리를 하려면 직원들의 인건비를 신고하기 위해 4대보험을 부과해야 하는데 이를 피하기 위해서 비용 처리를 기피하는 경우입니다.

특히 음식점이나 제조업, 건설업 등은 일이 고단하다보니 직원을 구하기가 굉장히 어려운 경우가 많습니다. 그래서 간혹 불법체류자나, 신용불량자 등을 고용할 수밖에 없는 상황이 일어납니다. 그때 만약 개인의 사정으로 주민등록번호를 알려주기 꺼려하는 직원이 있다면 사업주는 부득이 인건비 비용 처리를 할 수 없고, 결국 법인통장에서 대표자가 그냥 돈을 출금하여 직원에게 월급을 지급하게 됩니다. 이렇게 되면 대표자가 월급을 주기 위해 법인통장에서 출금한 돈은 법인으로부터 빌린 돈, 대여금 세법상 가지급금으로 취급되어 대표자가 회사에 이자를 내야 합니다. 법인은 이 이자에 대한 법인세를 내야 하고, 만약 이를 법인의 대표자가 이행하지 않을 경우 법인으로부터 상여를 받은 것으로 보아 엄청난 소득세까지 내야 합니다.

이렇게 쌓인 가지급금이 70억 원 정도 되는 법인 대표자와 상담을 한 적이 있는데, 폐업을 하게 되더라도 이 또한 엄청난 세금을 부담해야만 폐업을 할 수 있어 전전긍긍하시던 모습을 잊을 수가 없습니다. 내가 번 돈을 왜 내 마음대로 사용하지 못하는지에 대해서 의구심을 가질 수 있지만, 법인은 엄연히 대표자와 다른 법으로 설립된 인(法人으로 자연인 대표자와 별개의 개체라는 것을 반드시 기억해야 합니다.

비용 처리 내역은 법인통장의 입출금 내역과 정확히 일치해야 하는데, 이렇게 하지 못하는 경우라면 법인 전환 시 대표자에게 여러 가지 불이익이 발생할 수 있습니다.

자금 유용이 수시로 필요한 사업장

두 번째, 벌어들인 소득이 1년에 모두 다 필요한 사업자라면 개인사업자로 남아 있는 것이 낫습니다. 이 경우에 단지 세율을 이유로 개인사업자에서 법인사업자로 전환하면 분명 후회하게 됩니다. 법인세율은 소득세율보다 낮다는 장점이 있지만, 법인에 소득을 유보하지 않고 급여나 배당 형태로 대표자 개인에게 가져오고자 할 경우, 법인에서 대표자가 돈을 가져오는 순간 소득세가 과세되기 때문입니다.

결국 이런 경우에는 법인이 되면 법인세도 과세되고 소득세도 과세됩니다. 예를 들어, 순이익이 3억 원 이하의 개인사업자라면 세율이 38%인 반면, 법인사업자는 20%의 세율을 적용받습니다.

하지만 법인에서 과세된 이 3억 원을 전부 배당이나 근로소득으로 가져오면 다시 38%의 세율을 적용받게 되고, 결국 58%의 세율을 부담하게 되는 셈입니다. 하지만 이 3억 원을 법인으로부터 대표자가 한꺼번에 가져오지 않고 연봉을 4,000만 원 정도로 설정하여 급여를 나누어 받게 되면 매년 15%의 세율을 적용받게 됩니다. 그리고 법인의 법인세율 20%에 대표자 급여의 15% 세율을 더하면 총부담 세액이 35%가 되어 개인사업자일 때의 사업 소득세율인 38%보다 저렴하게 됩니다.

즉, 법인의 경우 소득을 유보하여 나눠서 인출하여 한계 세율을 낮출 수 있다는 장점이 있지만, 법인에서 벌어들인 소득을 전부 매년 대표자가 급여로 가져와야 한다면 세율 측면에서 무조건 유리하지는 않습니다.

가업 승계를 고민하고 있다면

세 번째, 가업 승계 등을 염두해두고 있다면 법인으로 전환하는 것이 적합합니다. 개인사업자들의 경우 자녀에게 가업을 물려주고 싶다면, 기존의 것을 폐업하고 별도의 개인사업자를 설립해야 합니다. 하지만 법인사업자의 경우 주식 형태로 증여를 하여 기존의 사업을 승계시킬 수 있는 장점이 있습니다.

마지막으로, 번뜩이는 아이디어로 사업을 확장하여 제3자로부터 투자도 받고 외형을 키우는 것이 목적이라면 법인사업자가 유리합니다. 법인이어야 주식 형태로 제3자로부터 투자를 받을 수 있습니다. 개인사업자의 경우 주주의 개념이 없으므로 투자를 받기가 어려워 외형 성장에 한계가 있습니다.

결과적으로 개인사업자인지 법인사업자인지는 대표자가 선택하는 것이지만 위 사항을 고려하여 결정한다면 더욱 현명한 선택이 될 것이라고 확신합니다.

05

부가세를 내지 않는
사업자도 있다면서요?

　개인사업자로 할 것인지 법인사업자로 할 것인지 정했다면, 그다음
으로 정해야 할 것이 있습니다. 사업자가 판매하려고 하는 상품이나
서비스가 부가세법상 과세 대상이라면, 즉 부가세를 내야 하는 경우
개인사업자는 일반과세자와 간이과세자 중 선택을 할 수 있습니다.
법인사업자라면 무조건 일반과세자로 사업자 등록을 해야 합니다.

　반면 사업자가 판매하려고 하는 상품이나 서비스가 부가세법상
면세 대상이라고 한다면, 즉 부가세를 내지 않아도 되는 경우라면 개
인사업자는 면세사업자로 사업자 등록을 해야 하고, 법인사업자인
경우 면세법인으로 사업자 등록을 해야 합니다.

　그렇다면 부가세를 내지 않아도 되는 상품이나 서비스의 종류에

는 어떤 것이 있을까요?

일단 가공하지 않은 식료품(농산물, 축산물, 수산물, 임산물, 소금)과 국내에서 생산된 가공하지 않은 비식용 농산물, 축산물, 수산물, 임산물이 있습니다. 주택 임대, 수돗물, 지하철, 시내버스, 여성 위생용품 등도 기초생활에 필요한 필수 항목으로 보아 부가세를 면세하는 혜택을 주고 있습니다. 또한 병원비, 교육비, 도서, 신문, 잡지 및 뉴스통신, 예술 창작품(미술, 음악, 사진, 연극 또는 무용에 속하는 창작품)과 비영리 목적의 예술 및 문화행사, 아마추어 운동경기 등도 국민들의 복리후생과 문화생활 지원을 위해 면세 혜택을 주고 있습니다.

그 외에도 부가세법상 면세 대상으로 열거되어 있는 상품이나 서비스를 판매하는 사업자라면 면세사업자 혹은 면세법인으로 부가세가 면제됩니다. 부가세를 안 내는 만큼 가격을 줄여서 서민들의 가격 부담을 줄여주고자 하는 데 그 취지가 있습니다.

부가세를 내야 하는 사업인지 면제되는 사업인지 확인해보기 위해서는 국세법령정보시스템을 찾아보거나 근처 세무서에 유선으로 확인해보는 방법이 있습니다. 이때 주의할 것은 면세사업자 혹은 면세법인이라고 할 때 부가세를 면제해주는 것이지, 종합소득세나 법인세가 면제되는 것은 아닙니다. 이렇게 부가세법상 '면세' 대상으로 열거된 항목을 제외하고는 전부 '과세' 대상이 되어 '법인'이 아닌 '개인'은 일반과세자와 간이과세자 중 선택할 수 있습니다. 일반과세자와 간이과세자를 선택하는 기준은 다음 챕터에서 설명하겠습니다.

사업자의 과세 유형 구분

구분	부가세가 과세되는 상품이나 서비스를 판매하는 경우	부가세가 면세되는 상품이나 서비스를 판매하는 경우
개인사업자	간이과세자와 일반과세자 중 선택 가능	무조건 면세사업자
법인사업자	무조건 일반과세자	무조건 면세법인

06

간이과세자 vs 일반과세자,
당신의 선택은?

개인사업자로서 판매하는 상품 혹은 서비스가 부가세법상 과세 대상일 때 '일반과세자'와 '간이과세자' 중에 어떤 것이 유리할까요? 사업 초기에는 자금 사정이 넉넉하지 않은 경우가 많아 세금을 줄일 수 있는 방법으로 간이과세자로 사업자 등록을 하는 것을 추천해드리곤 합니다.

그렇다면 왜 간이과세자로 사업자 등록을 해야 할까요? 간이과세자 제도는 매출이 적은 영세한 자영업자들 즉, 직전연도 매출액이 4,800만 원 미만인 경우입니다. 월평균 매출 기준으로 볼 때 400만 원이 안되는 경우라면 영세한 사업으로 보아 일반과세자의 부가세보다 10~30% 수준으로 세금을 내도록 혜택을 주고 있습니다. 이는 사업을 처음 시작하는 영세한 자영업자들을 위해 국가에서 세금 혜택을 주는 보너스 기간이라고 생각하면 됩니다.

간이과세자가 더 적합한 사업자는?

직전연도 매출액이 없는 신규사업자의 경우 간이과세자 사업자 등록이 배제되는 일부 업종(광업, 제조업, 도매업, 부동산 매매업, 과세유흥장소 및 부동산 임대업 중 일정사업자, 변호사, 변리사, 의사, 약사업 등 전문직 사업자)과 매년 국세청장이 고시하는 일부 지역에서 사업자 등록을 하는 경우가 아니라면 간이과세자로 사업자 등록이 가능합니다.

해당 여부는 사업장을 내려고 하는 지역의 세무서 민원봉사실을 통해 문의해볼 수 있습니다.

매출액이 월평균 400만 원 이상 발생될 것이라고 예상된다고 하더라도 신규사업자의 경우 간이과세자로 사업자 등록을 하게 되면 부가세를 상당 부분 절감할 수 있으므로 이 제도를 잘 활용하는 것을 추천드립니다. 신규사업 개시 후 월평균 400만 원 이상의 매출액이 발생되면 자동으로 간이과세자에서 일반과세자로 전환됩니다.

이때 주의할 점은 간이과세자로 사업자 등록을 하면 세금을 안 낸다고 잘못 생각을 하는 경우가 있는데 간이과세자는 '부가가치세'라는 세목에 대해서 일반과세자에 비해 10~30% 수준으로 납부하는 것으로 부가가치세를 납부하지 않는 것은 아닙니다. 일반과세자의 부가세가 100만 원이라면 같은 조건의 간이과세자의 세금은 10만 원에서 30만 원 수준으로 결정되는 것입니다.

하지만 또 여기서 주의할 점은 간이과세자의 세금 절약 부분은 '부가가치세'라는 세목에 한정된다는 것입니다. '종합소득세'라는 세목의 경우 간이과세자든 일반과세자든 동일한 방법으로 계산됩니다. 간이과세자는 부가세를 적게 내므로 사업 초기에 인테리어나 사무용 가구 등을, 예를 들어 1,000만 원에 구입하면서 세금계산서를 발행받지 않는 조건으로 100만 원의 부가세를 주지 않고 현금으로 구입하는 일이 빈번하게 일어납니다. 그런데 매출액이 높을 경우 비용 증빙을 챙기지 않더라도 간이과세자이기에 부가세 부분에서는 문제가 되지 않지만 나중에 종합소득세 폭탄을 맞을 수 있습니다.

따라서 업종별로 대략적으로 신규사업자가 아래 표의 매출액 기준 이상이면 간이과세자라고 할지라도 부가세를 부담하고 비용 증빙 (세금계산서 등)을 챙기는 것이 유리할 수 있으므로 전문가와 상담하는 것을 추천드립니다.

부가세를 부담하고 비용 증빙을 받아야 하는 간이과세자 기준

업종	금액 기준(당기 매출액 기준으로)
도소매, 부동산 매매업 등	3억 원 이상
제조업, 숙박업, 음식점업 등	1.5억 원 이상
부동산 임대업, 전문과학 및 기술서비스업 등	7,500만 원 이상

일반과세자가 더 유리한 사업인지 따져보세요

그렇다면 간이과세자는 부가세 측면에서 세금 혜택이 정말 큰데 왜 항상 간이과세자로 사업자 등록을 하지 않는 걸까요?

일단 간이과세자는 세금계산서 발행이 불가능합니다. 그런데 이를 잘 모르고 간이과세자임에도 불구하고 홈택스로 전자세금계산서를 발행하여 거래 상대방에게 혼돈을 주는 경우가 종종 발생합니다. 간이과세자는 절대 세금계산서를 발행하면 안 되며, 발행이 되었다고 하더라도 이를 수취한 거래 상대방은 해당 부분이 영수증의 효력만 갖게 되므로 부가세 계산 시 비용으로 공제받으면 안 됩니다.

사업자 간 거래에서 거래 상대방이 세금계산서 발행을 원하는 경우 원활한 사업상 거래를 위해 간이과세자의 혜택을 포기하고 일반과세자로 사업자 등록을 전환하는 경우가 있을 수 있습니다. 아무래도 간이과세로 인한 세금 혜택보다는 일반과세자로 사업자 등록을 함으로써 사업상 매출 증대 효과가 더 크기 때문에 일반과세자를 택하는 것입니다.

더불어, 간이과세자는 매입세액이 많은 경우 부가세 환급이 불가능하지만 일반과세자는 부가세 환급이 가능합니다. 인테리어나 시설비 등으로 초기 투자비용이 많이 발생한 경우에는 오히려 일반과세자로 신청하는 것이 유리할 수 있습니다.

예를 들어, 초기에 인테리어 비용으로 1억 원이 발생했는데 매출이 7,000만 원이라고 해볼까요? 차액분 3,000만 원에 대한 부가세인 약 300만 원을 간이과세자는 환급받을 수 없습니다. 하지만 일반과세자의 경우 그 300만 원을 환급받을 수 있으므로, 매출보다 매입이 많고 초기 투자비용이 높은 경우에는 일반과세자로 사업자 등록을 하는 것이 유리합니다(10% 부가세를 내고 적격증빙을 수취했다고 가정한 경우).

결론적으로 간이과세자로 사업자 등록을 하는 것이 일반적으로 유리하지만 업종과 초기 투자비용 규모, 세금계산서 발행 유무 등에 따라 일반과세자가 유리할 수 있으므로 사업자 등록을 하기 전에 면밀히 따져보아야 합니다.

07

홈택스에
회원 가입하세요

    사업자 등록을 완료하고 본격적으로 세금 관리를 하려고 한다면 가장 먼저 친숙해져야 할 사이트가 바로 '국세청 홈택스'입니다.

    국세청은 2015년 홈택스 개편을 통해 현금영수증 사이트와 홈택스 사이트, 전자세금계산서 사이트, 연말정산 사이트를 통합하였습니다. 이로써 사업자는 홈택스를 통해 모든 세금을 신고하고 관리할 수 있게 되었죠. 국세청은 홈택스를 지속적으로 개편하며 납세자가 더욱 손쉽게 세금 신고 및 납부, 사업 관리를 할 수 있도록 새로운 기능을 추가하고 있습니다.

    그럼 사업을 시작하는 분들이라면 기본적으로 홈택스 회원 가입부터 해야겠죠?

국세청 홈택스 회원 가입하기

이렇게 하세요

국세청 홈택스 ⇒ 오른쪽 상단 '회원 가입' 메뉴 클릭

홈택스에 가입하려면 본인인증 절차가 필요하므로 개인사업자의 경우 주민등록번호로 발급받은 공인인증서 혹은 사업자등록번호로 발급받은 공인인증서를 준비하고, 법인사업자의 경우 법인사업자등록번호로 발급받은 공인인증서를 준비해두는 것이 좋습니다.

개인사업자의 경우 '주민등록번호'로 가입하는 방법과 '사업자등록번호'로 가입하는 방법이 있습니다. 개인사업자 중에서 사업장을 한 개만 보유하고 있고 대표자 본인이 직접 사업장 관련 세금 업무를 처리하지 않고 직원에게 위임하는 경우라면, '주민등록번호'가 아닌 '사

대표자의 주민등록번호로 등록되어 있는 모든 사업장 업무 보기

⊕ 이렇게 하세요

국세청 홈택스 ⇒ 로그인 후 '사업장 선택' 클릭(주민등록번호로 회원 가입한 경우)

업자등록번호'로 가입하는 것이 좋습니다. 주민등록번호로 가입하면 대표자 개인의 모든 소득이 노출될 수 있기 때문입니다.

반면, 개인사업자가 여러 개의 사업장을 관리하거나 근로소득과 같은 다른 소득이 있을 경우에는 사업자등록번호로 가입된 아이디 이외에 주민등록번호로 회원 가입을 별도로 해야 합니다. 때문에 이 경우에는 주민등록번호로 회원 가입을 하는 것이 좋습니다. 주민등록번호로 가입하면 해당 주민번호로 등록되어 있는 대표자의 모든

사업장 관련 업무를 처리할 수 있기 때문입니다.

법인의 경우에는 주민등록번호라는 것이 존재하지 않기 때문에 반드시 사업자등록번호로 가입을 해야 합니다. 이때 법인사업자번호로 회원 가입을 하려면 인증 절차를 거쳐야 하기 때문에 사업자등록을 하고 은행에서 법인통장을 개설합니다. 그런 다음 공인인증서를 발급받은 후 홈택스 가입 절차를 진행하면 원활하게 업무를 진행할 수 있습니다.

국세청 홈택스의 My NTS 화면

⊕ 이렇게 하세요

국세청 홈택스 ⇒ 로그인 ⇒ My NTS 화면

홈택스 회원 가입 후 공인인증서로 로그인을 하면 각종 세무 정보를 한곳에서 통합 조회할 수 있습니다(국세청 홈택스 ⇒ My NTS 메뉴). 근로소득자들의 경우에도 회사 인사팀에 원천징수영수증을 요구하지 않아도 전년도분 원천징수영수증은 이 메뉴를 통해 조회할 수 있습니다. 또한 사업주들도 홈택스를 통하여 본인이 직접 신고한 세금 신고 내역이나 세무대리인이 신고한 내역을 조회할 수 있습니다.

그 밖에 세금 납부 내역 및 우편물 발송 내역, 민원 처리 내역, 현금영수증 사용금액 조회, 취업 후 학자금 상환 내역 조회 등도 세무서를 방문해서 기다릴 필요 없이 홈택스를 통해 모두 조회할 수 있습니다.

사업용 신용카드를
등록하려면?(개인사업자)

사업자 등록 절차를 완료하고 홈택스 회원 가입을 완료했다면, 개인사업자의 경우 사업용으로 쓸 신용카드 혹은 체크카드를 국세청 홈택스에 등록해두어야 합니다.

법인사업자의 경우 법인 명의로 카드를 발급받게 되면 별도의 절차를 취하지 않아도 신용카드 사용 내역이 자동으로 국세청에 통보됩니다. 하지만 개인사업자는 카드사에서 사업자번호로 발급받은 '사업용 카드'라 할지라도 국세청에 내용이 자동으로 보고되지 않기 때문에 별도의 등록 절차를 진행해야 합니다.

상담을 하다보면 개인사업자의 사업자등록번호로 '사업자 카드'를 발급받으면 자동으로 국세청에 보고되는 줄 알고 등록하지 않았다가 부가세 신고 시에 사업용 신용카드 사용 내역을 일일이 엑셀로 업로드 해야 하는 번거로운 상황을 자주 봅니다.

그러므로 사업용 카드를 만든 이후에 국세청에 반드시 등록을 해야 하는데, 이때 사업자번호로 발급받은 신용카드(체크카드)가 아닌 일반적인 개인 신용카드(체크카드)여도 상관없습니다. 사업자번호로 발급되지 않은 개인 신용카드(체크카드)도 사업 용도로 사용하고자 할 경우, 국세청을 통해 '사업용 신용카드 등록' 절차를 진행하면 사업용 신용카드로 분류됩니다.

이때 가족카드, 기프트 카드, 충전식 선불카드 및 직불카드, 백화점 전용카드, 공동사업자 중 대표자가 아닌 자의 카드는 등록이 불가능합니다. 즉, 공동사업자 중 대표자로 등록된 1인의 카드만 등록이 가능하므로 사업 관련 비용 지출 시 공동사업자 중 대표사업자의 카드로 사용해야 합니다.

물론 사업용 신용카드를 등록하지 않았다고 하더라도 가산세가 발생하거나 하는 것은 아닙니다. 하지만 사업용 신용카드 등록 절차를 진행하게 되면 국세청에 자동으로 사업과 관련해 카드를 사용하고 있다는 증거자료로 보고되는 효과가 있습니다. 또한 홈택스를 통하여 부가세나 종합소득세 신고를 직접 하고자 한다면 별도로 자료를 업로드 하지 않아도 카드사에서 국세청에 사용 내역을 송부해주기 때문에 편리합니다.

참고로 사업용 신용카드의 경우, 분기별로 등록된 카드를 기준으로 카드 내역이 국세청에 통보되므로 분기의 말일, 즉 3/31, 6/30, 9/30, 12/31 기준으로 신용카드가 추가되거나 삭제됐다면 각 분기의 말일 이전까지 해당 사항을 업데이트해둬야만 신용카드 사용 내역이 누락되는 일이 발생하지 않습니다.

사업용 신용카드 등록하기

국세청 홈택스 ⇒ 조회/발급 ⇒ 사업용 신용카드 ⇒ 사업용 신용카드 등록

사업용 신용카드 사용 내역 집계 보기

사업용신용카드 누계 조회

| 조회년도 | 2017년 ∨ | | * 사업자번호 | ▮▮▮▮▮▮ | | 조회하기 |

인쇄

거래년월	총거래건수	공급가액	부가세	총금액	공제대상금액	공제대상건수
2017-01	122	2,641,567	257,783	2,899,350	822,700	45
2017-02	106	2,931,145	259,105	3,190,250	1,163,730	47
2017-03	121	4,814,930	479,921	5,294,851	2,227,409	55
2017-04	118	3,245,299	326,231	3,588,968	1,609,838	57
2017-05	163	4,660,221	462,774	5,122,995	2,217,290	95
2017-06	88	3,816,993	381,016	4,198,009	2,519,876	42
상반기 합계	718	22,110,155	2,166,830	24,294,423	10,560,843	341
2017-07	169	3,805,694	378,872	4,184,566	1,502,740	88
2017-08	122	6,569,235	653,788	7,223,023	5,574,430	64
2017-09	132	4,496,640	449,320	4,945,960	1,784,040	47
2017-10	102	4,247,029	424,668	4,671,697	2,319,912	50
2017-11	143	5,671,209	555,549	6,226,758	2,322,887	69
2017-12	165	4,495,204	452,740	4,992,868	2,528,459	102
하반기 합계	833	29,285,011	2,914,937	32,244,872	16,032,468	420
총합계	1,551	51,395,166	5,081,767	56,539,295	26,593,311	761

* 사업자가 매입세액을 결정하지 않은 경우 : 공제대상금액(공급가액＋부가세)은 간이 사업자, 면세사업자 거래분과 일반사업자 거래 중 항공운송,
  승차권 거래금액을 제외한 금액으로 부가세가 포함된 금액임

⊕ 이렇게 하세요

국세청 홈택스 ⇒ 조회/발급 ⇒ 사업용 신용카드 ⇒ 매입내역 누계 조회

사업용 계좌 신고하기
(개인사업자)

　사업용 계좌는 개인사업자의 은행 계좌를 사업 용도와 개인적인 용도로 구분하도록 하고, 사업과 관련된 통장 입출금 내역은 사업용 계좌를 별도로 사용하게 하여 세원 관리의 투명성을 높이고자 하는 취지가 있습니다.

　법인사업자는 의무적으로 통장 내역을 일일이 기장하도록 되어 있어 함부로 입출금이 불가능합니다. 하지만 개인사업자의 경우 통장에서 입출금을 자유롭게 하여도 세금이 부과되는 등 문제가 없어 사업 용도와 개인적인 용도를 구분하지 않고 관리할 가능성이 높습니다. 그러다 보면 세원 관리가 어려우므로 '사업용 계좌' 등록 제도를 통하여 보완하고자 한 것입니다.

'사업용 계좌'란 사업자가 단순히 사업 용도로 사용했다거나, 은행에서 통장 예금주란에 사업체의 상호명을 기재해줬다고 해서 국세청이 인정하는 사업용 계좌가 되는 것이 아닙니다. 반드시 국세청에 사업용 계좌로 신고하는 절차를 거쳐야만 사업용 계좌가 되는 것입니다.

사업용 계좌는 신규 계좌를 별도로 만들 필요는 없고 기존에 개설된 계좌여도 등록이 가능합니다. 한 사업장에서 여러 개의 사업용 계좌를 등록하는 것도 가능하고, 두 개 이상의 사업장에서 한 개의 사업용 계좌를 사용하는 것도 가능합니다. 하지만 사업 관련 수입 및 지출을 관리한다는 측면에서 사업장별로 구분하여 관리하는 것이 사업장의 정확한 손익을 파악하는 데 도움이 됩니다.

사업용 계좌를 신고하는 방법은 세무서에 직접 방문해서 신고하는 방법도 있지만 국세청 홈택스 사이트를 활용하면 손쉽게 등록할 수 있습니다.

사업용 계좌 신고 시에는 사업자등록번호를 선택하여 신고해야 합니다. 다만 사업자등록번호가 없는 사업자, 흔히 말하는 프리랜서 혹은 '3.3% 사업자'라고 칭하는 인적용역 사업자의 경우에는 사업자등록번호가 존재하지 않기 때문에 주민등록번호로 선택하여 신고하면 됩니다. 사업자등록번호가 있음에도 불구하고 주민등록번호로 신고하게 되면 미신고에 해당되어 가산세 부과 및 세액 감면 대상에서 배제될 수 있으니 주의해야 합니다.

사업용 계좌 신고하기

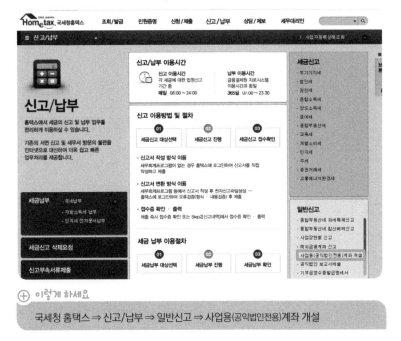

국세청 홈택스 ⇒ 신고/납부 ⇒ 일반신고 ⇒ 사업용(공익법인전용)계좌 개설

사업용 계좌 신고 대상

그렇다면 사업용 계좌는 누구나 반드시 신고해야 할까요? 언제까지 신고해야 할까요? 모든 사업자가 사업용 계좌를 신고해야 하는 것은 아니고, 개인사업자 중에서 복식부기의무자는 사업용 계좌를 신고해야 합니다.

복식부기의무자란, 업종별로 매출액이 일정 금액 이상이거나 회

복식부기의무자 기준

업종	직전연도 매출액 기준
① 농·임·어·광업, 도소매업, 부동산 매매업(비주거용 건물 자영건설업만 해당)과 부동산 개발 및 공급업, 기타 ❷·❸에 해당되지 않는 사업	3억 원 이상
② 제조업, 숙박 및 음식점업, 전기·가스·증기 및 수도사업, 하수·폐기물처리·원료재생 및 환경복원업, 건설업(비주거용 건물 건설업은 제외하고 주거용 건물 개발 및 공급업 포함), 운수업, 출판·영상·방송통신 및 정보 서비스업, 금융 및 보험업, 욕탕업, 상품중개업 등	1.5억 원 이상
③ 부동산 임대업, 전문·과학 및 기술 서비스업, 사업시설관리 및 사업지원 서비스업, 교육서비스업, 보건업 및 사회 복지서비스업, 예술·스포츠 및 여가 관련 서비스업, 협회 및 단체, 수리 및 기타 개인 서비스업, 가구 내고용활동, 부동산 관련 서비스업(부동산 중개, 관리), 부동산 임대업	7,500만 원 이상

계사, 세무사, 의사, 약사, 변호사, 감정평가사 등 전문직인 사업자를 말합니다. 전문직 사업자의 경우 매출액 규모와 상관없이 신규사업자일 때부터 복식부기의무자에 해당되므로 사업용 계좌를 의무적으로 신고해야 합니다.

복식부기의무자 여부는 당기 매출액이 아닌 직전연도 매출액을 기준으로 판단합니다. 신규사업자의 경우 전문직 사업자를 제외하고는 '간편장부대상자'에 해당되며 사업용 계좌를 신고하지 않아도 무방합니다.

사업용 계좌의 신고 기한은 복식부기의무자가 되는 해의 6월 말까지입니다. 전문직 사업자와 같이 사업을 시작할 때부터 복식부기의무자인 경우에는 다음 과세기간 개시일부터 6월 말까지 사업용 계좌를 신고해야 합니다. 사업용 계좌를 추가하거나 삭제, 또는 변경하는 경우에는 일반 개인사업자는 종합소득세 확정 신고기간인 5월 말 전까지, 성실신고확인대상 사업자는 6월 말 전까지 수정해야 합니다.

보통 개인사업자의 직전 연도에 대한 종합소득세 신고기한이 다음해 5월 말 혹은 6월 말까지인데, 복식부기의무자 혹은 전문직 사업자라면 종합소득세를 신고할 때 사업용 계좌를 함께 신고해두는 것이 좋습니다.

음식점업의 2017년 매출액이 251,300,000원일 때
↳ 2018년부터 복식부기의무자이므로
2018년 6월 30일까지 사업용 계좌 신고

변호사 사무실을 2017년 8월 31일 개업했을 때
↳ 두 번째 과세기간인 2018년 6월 30일까지
사업용 계좌 신고해야 함

복식부기의무자를 판단할 때 주의할 점이 있습니다. 종합소득세 신고를 할 때 안내문을 보면 사업자 유형에 간편장부대상자 혹은 복식부기의무자라고 기재되어 나오는 경우가 있는데 이것으로 판단을 하면 안 됩니다. 종합소득세 신고 안내문에 나와 있는 직전연도 매출액을 기준으로 복식부기의무자 여부를 판단해야 합니다. 종합소득세 안내문에 나와 있는 사업자 유형은 전전연도 매출액을 기준으로 판단한 사업자 유형이기 때문입니다.

예를 들어, 59쪽 그림을 보면 2018년 종합소득세 신고 안내문에

복식부기의무자 여부 판단하기

종합소득세 성실신고를 도와드리는 종합소득세 신고도움서비스

아래 자료는 종합소득세를 신고하는데 도움을 드리기 위해 제공하는 것으로, 이를 참고하여 실질 내용에 따라 신고하여 주시기 바랍니다.
※ 신고안내자료에 대한 문의 : 마포세무서 양영동 조사관 (☎ 02-705-7382)

귀속년도	2017 ▾	조회하기

● Ⅰ. 기본사항

성 명	▆▆▆	생 년 월 일	▆▆▆
신고안내유형	B유형	ARS 개별인증번호	
기장의무구분	복식부기의무자	추계결정경비율	기준경비율

※ 복식부기의무자가 간편장부 또는 추계신고 하거나 외부조정대상자가 외부조정계산서를 첨부하지 아니하는 경우 무신고로 간주되어 무신고(무기장)가산세 부과, 조세특례제한법
의 각종 세액공제 감면 배제, 추계신고시 경비를 1/2액을 등의 불이익이 따르게 됩니다.

● Ⅱ. 종합소득세 신고 참고자료

아래 자료는 2018년 3월 말까지 수집된 자료로서 실제 내용과 다를 수 있으므로 실제 소득내용대로 성실하게 신고하여 주시기 바랍니다.
◎ 2017년 귀속 사업장별 수입금액 현황

사업자등록번호	상호	업종코드	수입금액	기준경비율		단순경비율	
				일반율	자가율	일반율 (기본율)	자가율 (초과율)
			251,294,271 원	23%	23.4%	58.2%	57.9%
			120,000 원	23.8%	23.8%	64.1%	49.7%
	총 계		251,414,271 원				

해당되는데, '기장의무구분'에 '복식부기의무자'라고 기재되어 있습니다. 이것은 2016년도 매출액을 기준으로 판단된 사업자 구분이므로, 복식부기의무자 여부는 '2017년 귀속 사업장별 수입금액 현황'상 나와 있는 수입금액을 기준으로 판단해야 하는 것입니다.

만약 복식부기의무자 여부를 판단하는 것이 어렵고 복잡하다면 처음에 사업을 개시하는 시점부터 사업용 계좌를 미리 신고해두는 것이 바람직합니다. 처음에 신고를 하지 않으면 매출이 증가해서 복식부기의무자가 되었을 때 신고 의무를 잊고 넘어갈 우려가 있으며, 그렇게 되면 가산세가 발생됩니다. 사업용 계좌의 미신고 및 미사용

✐ **사업용 계좌 미사용 가산세 = 사업용 계좌 사용하지 않은 금액의 0.2%**

✐ **사업용 계좌 미신고 가산세 = Max [①, ②]**
　① 사업용 계좌 미신고 기간 매출액의 0.2%
　② 사업용 계좌 사용 의무가 있는 거래금액의 0.2%

에 대한 가산세는 위와 같습니다.

　사업용 계좌 사용 의무가 있는 거래금액이란 사업 관련 수입 및 지출거래, 인건비, 임차료 등이 해당됩니다. 이러한 거래는 모두 사업용 계좌를 통해서 입출금 및 관리가 이루어져야 하고 그렇지 않을 경우 위와 같은 가산세가 발생되는 것입니다. 뿐만 아니라 사업용 계좌를 신고하지 않으면 중소기업 특별세액감면 등의 혜택에서 배제됩니다.

　또한 세무서로부터 의심의 대상으로 지목되어 세무조사의 확률을 높이게 될 수도 있습니다. 나중에 세무서로부터 사후검증 등 소명 자료를 제출해야 하는 경우, 사업 관련 계좌를 따로 관리해두면 관련 자료를 제시하기 편리합니다. 반면 사업용 계좌를 신고만 해두고 관리를 제대로 하지 않는다면 수년에 걸친 매출 누락이나 가공경비 등을 입증하는 자료로도 활용될 수 있으므로 이에 대한 주의가 필요합니다.

10

현금영수증을
꼭 발행해줘야 하나요?

상품이나 서비스를 판매하고 그에 대한 대가를 지불하는 고객으로부터 현금영수증 발급을 요청받으면 어떻게 해야 할까요? 꼭 발행을 해야 할까요?

현금영수증 제도란, 사업자가 국세청에서 파악하기 어려운 현금 매출을 줄여 세금을 적게 내고자 하는 일련의 탈세 행위를 방지하기 위한 제도입니다.

현금영수증 가맹점으로 가입해야 하는 대상자는 62쪽 상단 표와 같습니다. 여기에 해당하는 사업자는 현금영수증 발급 장치를 설치하여 현금영수증 가맹점으로 가입해야 하며, 고객이 현금을 지불하고 현금영수증 발행을 요청할 경우 이를 수행해야 할 의무가 있습니

① 소비자 상대업종 사업자
    – 개인사업자의 경우 직전연도 매출액이 2,400만 원 이상인 자
    – 모든 법인사업자
② 의사·약사 등 의료보건 용역 제공 사업자
③ 변호사·변리사·공인회계사 등 부가가치세 간이과세 배제 전문직 사업자
④ 기타(소득세법 시행령 별표 3의 3에 명시된 현금영수증 의무발행 업종)
    ※자세한 내용은 274~276쪽 참고

다. 현금영수증 가맹점에 가입하지 않으면 미가입 기간에 대한 매출액의 1%를 가산세로 부과하게 됩니다. 그리고 고객의 요청에도 불구하고 현금영수증을 발급하지 않으면 미발급 금액의 5%에 상당하는 가산세가 부과되고 재차 거부 시에는 20% 과태료를 별도로 부과합니다.

한편, ①~④ 중 ④에 해당하는 현금영수증 의무발행 업종은 특히 거래건당 10만 원 이상인 경우라면 고객이 요청하지 않더라도 5일 이내에 사업자가 현금영수증을 무조건 발급해야 하는 업종입니다. 만약 소비자의 연락처를 모를 경우 국세청 지정코드(010-000-1234)로 현금영수증을 발급해야 합니다.

이 업종은 전문직, 병의원, 일반교습학원, 예술학원, 골프장업, 장례식장업, 예식장업, 부동산 중개업 사업자 등 특별히 현금 매출이 높고 현금 매출 누락을 통한 세금 탈루가 빈번한 업종입니다. 때문에 다른 업종에 비해 훨씬 더 강한 의무를 부여하고 있으며, 현금영수

증을 발급하지 않았을 경우 미발급 금액의 50%라는 엄청난 과태료를 부과하고 있습니다. 2019년 1월 이후 골프연습장 운영업, 인물 사진 및 행사용 영상 촬영업, 악기소매업, 자전거 및 기타 운송장비 소매업, 네일아트 사업 등이 추가될 예정입니다.

또한 현금영수증을 발급해주면 납부해야 할 부가세를 일부 줄일수 있습니다. 사업자(법인사업자 및 직전연도 매출액이 10억 원을 초과하는 개인사업자의 경우 제외)가 현금을 받고 매출액에 대하여 현금영수증을 발급하게 되면 현금영수증 발급금액(부가세 포함)의 1.3%(음식·숙박 간이과세자의 경우 2.6%)의 금액을 납부해야 할 부가세 금액에서 차감해주기 때문입니다(연간 500만 원 한도 내).

익명 제보로 신고 되면 엄청난 과태료 물어

제가 누누이 사장님들에게 현금영수증을 반드시 발급해야 한다고 말씀드리지만, 많은 분들이 '설마 내가 걸리겠어?'라는 생각으로 대수롭지 않게 넘깁니다. 하지만 실제로 굉장히 많은 업체가 현금영수증 발급 의무 사업자임에도 불구하고 발행하지 않고 있다가 익명의 탈세 제보로 몇천 만 원의 과태료를 납부하는 경우를 자주 목격했습니다.

소비자가 현금영수증을 발급받지 못한 사실을 신고하면 해당 제보자에게 신고포상금을 연간 최대 200만 원까지 지급하고 있으며,

신고 방법 또한 굉장히 편리하게 되어 있는 상황입니다.

구매자 입장에서 더 생각해볼까요? 현금영수증을 요청하는 사람이 사업자라면 비용 증빙을 위해 이 같은 신고 제도를 활용하고자 할 것입니다. 사업자가 아닌 근로소득자 또한 현금영수증을 발급받으면 연말정산 시 소득공세 혜택을 받을 수 있으므로 충분히 이를 활용할 수 있습니다.

기존에는 현금영수증 발급을 위반하면 거래금액의 50%를 과태료로 내야 했으나 이에 대한 민원이 많아 2019년부터는 거래대금의 20%를 가산세로 내도록 법안이 변경될 예정입니다. 예전보다 현금영수증 미발행에 대한 제재는 완화되었지만 여전히 현금영수증 발급 의무를 이행하지 않았을 경우 과태료가 부과되므로 내지 않아도 될 세금을 추가적으로 납부하지 않도록 주의해야 합니다.

따라서 사업을 시작할 때 현금영수증 의무발행 업종이 아닌지 반드시 확인하세요. 현금영수증 가맹점은 이를 나타내는 가맹점 스티커를 사업장 내 부착해두고, 단말기 등을 미리 준비하여 불필요한 문제가 일어나지 않도록 하는 것이 좋습니다.

🖊 **계산대가 있는 사업장**
계산대나 계산대 근처의 벽·천장(천정걸이 사용) 등 소비자가 잘 볼 수 있는 곳

🖊 **계산대가 없는 사업장**
사업장의 출입문 입구나 내부에 소비자가 잘 볼 수 있는 곳

인터넷으로 현금영수증을 발급할 수 있는 사이트

	홈페이지	연락처
KT 현금영수증	www.hellocash.co.kr	02) 2074-0340
LG U+ 현금영수증	taxadmin.uplus.co.kr	1544-7772
한국정보통신 이지체크	www.kicc.co.kr	1600-1234
머니온	www.moneyon.com	1544-7300
금융경제원	www.kftcvan.or.kr	1577-5500
나이스정보통신	taxsave.nicevan.co.kr	02) 2187-2700

만약 현금영수증 단말기가 설치되어 있지 않다면, 인터넷으로 현금영수증을 발행할 수 있도록 해주는 기관이 있으니 해당 사이트를 통해 손쉽게 이용할 수 있습니다.

국세청은 모두 알고 있다
···FIU, PCI 시스템 이용해 지능적 탈세자 찾아내

사업을 하는 분들이라면 최근의 세무 동향에 대해서 알고 있어야 합니다. IT 강국답게 우리나라 국세청 내부의 사후검증 및 세원관리 시스템은 더욱 정교하게 발달하고 있고 세법은 매년 사회 변화에 맞추어 끊임없이 개정되고 있습니다. 아마 오랫동안 사업을 해온 분들이라면 예전과는 전혀 다른 환경이라는 것을 몸소 체험하고 계시리라 생각됩니다.

아무개 사장님은 평소 습관대로 꼼꼼히 세금 신고를 하지 않았는데 이후 세무조사로 몇억 원 추징되었다더라는 소식을 종종 모임에서 들어보곤 했을 겁니다. 만약에 사업을 하다 세무조사나 사후검증 안내문을 받게 됐다면, 이제는 국세청에서 굉장히 정확한 명백한 증

거를 가지고 그러한 단계를 밟은 것이기 때문에 도저히 그로부
터 빠져나갈 수 없는 경우가 많습니다.

어떻게 국세청은 자금 흐름을 다 알고 있을까

이러한 탈루 세액을 국세청은 도대체 어떻게 알 수 있는 걸까요?
대표적인 시스템 두 가지를 설명하도록 하겠습니다.

첫 번째는 금융정보분석원FIU 보고 시스템이 있습니다. 이 시스
템을 통해 '삼성 정유라 지원' 현황도 포착했다고 하죠. 또 국세청이
FIU로부터 제공받은 정보를 세무조사에 활용해 추징한 탈세액이 사
상 최고치를 기록했다는 기사가 나오기도 했습니다. FIU는 우리나
라 은행사, 보험사, 저축은행 및 외국의 FIU 등 각종 금융 집단으로
부터 금융 정보를 전달받아 집중적으로 분석합니다. 그리고 세금 탈
루나 조세 포탈, 차명계좌, 자금 세탁 등의 혐의가 있을 경우 국세청,
관세청, 검찰, 경찰청 등 관련 기간에 통보합니다.

FIU 시스템에 따르면, 종전에는 1,000만 원 이상이 되는 금융거래
만 보고되었지만 현재는 금액에 상관없이 의심이 되는 거래는 무조
건 보고하도록 되었습니다. 또한 하루에 2,000만 원 이상의 고액 현
금 입·출금이 있는 경우 거래자의 신원과 거래일지, 거래금액 등의
객관적인 정보 또한 전산상 자동으로 보고가 됩니다. 따라서 FIU 시
스템을 통해 모든 납세자의 금융 거래 현황이나 금융자산 규모를 대

FIU 운영 흐름도

외국 FIU	의심거래 보고	금융정보분석원 (FIU)		법 집행기관
증권사			특정금융거래 정보 제공	검찰청, 경찰청
은행	고액현금 거래보고	특정금융거래 정보의 수집, 분석 제공		국세청, 관세청
보험사				
저축 은행 등	고객확인 제도			

출처: 금융정보분석원(FIU)

략적으로 추정할 수 있고 개인자산을 유리지갑 보듯이 들여다볼 수 있게 된 것입니다.

다음으로 고소득자들이 특히 주의해야 할 시스템으로 'PCI 분석 시스템'이 있습니다. PCI 분석 시스템이란 자산증가액(부동산, 주식, 회원권)과 소비지출(신용카드 내역, 해외 출입국 내역 등) 대비 신고 소득금액을 비교하여 탈루 혐의금액을 추정하는 것입니다.

예를 들어, 음식점을 운영하는 사장님이 현금매출을 누락하거나 비용을 과다하게 넣어서 월급을 300만 원 정도로 신고했는데, 분기별로 해외여행을 가고 한 달에 신용카드를 1,000만 원씩 쓴다고 해봅시다. 이 경우는 딱 보아도 상식적으로 문제가 있는 것이고 국세청도 이에 대해서 당연히 문제가 있다고 판단하여 세무조사나 사후검증 등

PCI분석시스템(Property, Consumption and Income Analysis System)

재산 증가액	**+**	소비 지출액	**-**	신고(결정) 소득금액	**=**	탈루 혐의금액
부동산, 주식, 회원권 등		해외체류, 신용카드, 현금영수증 지출				

이 나오게 되는 것입니다.

세금을 적게 내기 위해서 현금매출을 누락하고 소득을 낮춰 신고하면 막상 지금은 세금을 적게 내서 좋을지 모르지만, 소비 수준이 소득 대비 과다할 경우 나중에 분명히 문제가 생깁니다. 가산세가 더해져 눈덩이처럼 불어난 세금이 부과될 수 있음을 잊지 마세요.

최근 부동산 8·2 대책으로 강남 재건축 시장을 중심으로 집중적인 세무조사가 단행되었는데, 이 경우 PCI 분석 사례가 고스란히 들어 있습니다.

수천만 원 연봉의 직장인 30대 신혼부부가 10억 원짜리 아파트 분양권을 사들였는데 국세청에서 경고를 보낸 것입니다. 30대 초반 부부가 엄청난 고액 연봉자가 아닌 이상 한 푼도 안 쓰고 모아도 그 나이에 10억 원을 모으기는 어렵기 때문입니다. 이런 경우 부모의 편법 증여재산이 있다고 보고 세무조사가 실행됩니다. 만일 증여세 신고를 통해 신고 소득금액이 높았거나 대출 등이 있다거나 했다면 문제가 되지 않았을 것입니다.

또, 가정주부로 신고되어 있는 사람이 소득이 없음에도 강남 등에 아파트 4채를 약 25억 원에 구입하여 세무조사가 착수된 사례도 있습니다. 남편의 소득이 있을지라도 엄연히 남편과 부인의 소득은 다르기 때문에 증여세 신고를 하거나, 남편 회사로부터 근로소득을 받았다면 자금 출처가 파악되어 문제되지 않았을 겁니다.

인공지능, 빅데이터로 탈세 감시한다

사업자들이 이러한 세정 환경을 이해하고 있어야 미리 대비를 할 수 있습니다. 사회가 변화하는데 세정 환경이 변하지 않고 그대로 머물러 있을 리 만무합니다. 게다가 국세청은 최근 인공지능, 빅데이터 방식으로 지능적 탈세와 고의적 체납 등을 찾아내기 위해 2019년 빅데이터 센터 설립을 목표로 빅데이터 전문가를 채용하는 등 실천계획을 마련하고 있습니다.

앞으로는 사업주들의 매출액과 매입액을 지금보다 더 투명하게 국세청에서 꿰뚫어 볼 수 있을 것입니다. 더 이상 어정쩡하고 얕은 수법으로 세금을 탈루했다가는 엄청난 세금이 추징되어 예상치 못한 최악의 상황을 맞이하게 될 수도 있습니다. 실제로 '나한테 설마 그런 일이 일어날까?'라는 안일한 생각으로 대처하다 사업장을 폐업하거나 세금으로 인해 파산하는 안타까운 경우를 많이 봤습니다.

세금은 보통 세무조사가 나오면 과거 5년 치를 추징할 수 있습니다. 그래서 요즘은 사업주 분들을 만나면 사업의 목적이 돈 벌어서 잘 먹고 잘사는 것, 즉 대한민국에서 당당하게 누리면서 사는 것이라면, 적법하게 세금을 많이 내는 방법밖에 없다고 말씀드리곤 합니다. 그리고 위의 사례들을 봐도 결국 가장 현명한 절세 방법은 '성실 신고'라고 생각합니다. "세법에 따라 원칙대로 성실하게 신고하는 것", 즉 정도를 가는 것이야말로 가장 좋은 방법입니다.

2장

부자가 되기 위한
세금 기초 상식

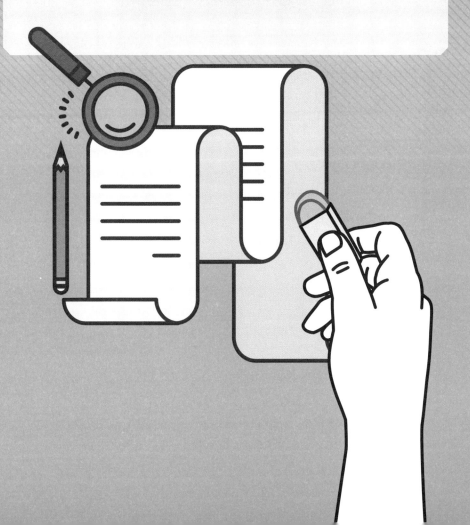

지금부터 세금 기초 상식을 알려드리겠습니다.
왜냐하면 세금을 모르고서는 절대
부자가 될 수 없기 때문입니다.
'세금을 제하고도 남는 것이 많아야
진짜 부자'라는 것, 잊지 않으셨죠?
그럼 차근차근 설명해보겠습니다.

현금매출 누락하면
알 수 있나요?
세무서는 모르죠?

국세청은 사업주들의 매출을 어떻게 파악할까요?

매출 형태의 종류에는 세금계산서와 계산서, 신용카드, 현금영수증 발행분, 현금영수증이 발행되지 않은 순수 현금 및 기타 매출 등이 있습니다.

세금계산서와 계산서

세금계산서와 계산서의 경우, 최근에는 거의 전자세금계산서와 전자계산서 형태로 발행되므로 해당 자료가 모두 국세청 홈택스에 보관되어 있습니다. '전자' 방식으로 발행되지 않은 수기 세금계산서와 계산서 또한 매출자가 누락하려고 해도 그렇게 할 수 없습니다. 매입자 입장에서는 그것들이 '비용'에 해당되므로 세금을 줄이기 위해 매출자로부터 수령한 세금계산서 또는 계산서를 부가세 신고 등을 통해 반영하겠지요. 이 경우 매출자와 매입자 간의 세금계산서 불부합이 발생하게 되고 세무서는 이를 금방 알아챌 수 있습니다.

실제로 국세청은 매출자와 매입자 간의 세금계산서 불부합 자료를 모두 보관·관리하고 있습니다. 지금 당장 세무서에서 연락이 오지 않더라도 나중에 연락이 올 것이 분명하므로 혹시라도 누락한 건이 있다면 자진하여 신고하는 것이 좋습니다.

신용카드 매출

신용카드 매출은 더욱 명확합니다. 편의성이 높아 소비자들의 신용카드 사용 비중은 날이 갈수록 높아지고 있기 때문에 소비자를 직접 상대하는 사업의 매출 대부분은 신용카드를 통해 발생합니다. 간혹 상담을 하다보면 신용카드 매출액을 줄일 수 있는지 문의를 하는 분이 있는데 그것은 절대 불가능합니다.

왜냐하면 국세청은 분기별로 카드사로부터 신용카드 매출액 자료를 수집하고 있기 때문입니다. 국세청 홈택스 조회/발급 메뉴에서 '세금 신고 납부'의 '신용카드 매출자료조회' 메뉴에 가보면 신용카드 매출이 정확히 나와 있는 것을 볼 수 있습니다. 간혹 국세청에 집계

된 신용카드 매출을 확인하지 않고 고의로 누락하여 신고하였다가 2~3년 뒤 엄청난 세금을 추징당하는 경우를 종종 봅니다. 누누이 말씀드리지만 정확한 세금 신고가 절세의 지름길입니다.

신용카드 매출 자료 조회하기

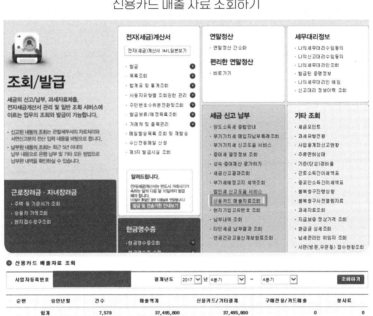

현금매출

현금매출 건에 대하여 현금영수증을 발행한 경우에도 신용카드 매출 자료와 마찬가지로 국세청에 집계되고 보관됩니다.

그런데 통장으로 입금된 매출액의 경우, 기록이 남아 있어 별도로 아무런 조치를 취하지 않아도 된다고 생각하는 경우가 많습니다. 물론 통장 입금액을 정확히 정리해서 매출액으로 반영할 수 있다면 좋겠지만 사업을 하다보면 실질적으로 이러한 관리가 어려운 때가 많습니다.

따라서 통장으로 입금 받은 후에 즉각 세금계산서, 현금영수증을 발행하는 것이 좋고 그것이 힘들 경우에는 월별로라도 매출액을 정리해서 현금영수증을 발행해두는 것이 매출 누락을 방지하는 좋은 방법입니다. 특히 현금영수증 의무발행 업종의 경우 과태료 폭탄을 피하기 위해 반드시 신경 써야 하는 부분입니다.

그렇다면 신용카드 매출 내역과 현금영수증 및 세금계산서, 계산서 매출 이외의 순수한 현금매출은 어떻게 될까요? 고객들과 상담을 하다보면 여전히 많은 분들이 현금영수증 발행분을 제외한 현금매출은 누락을 해도 되는 것이라 생각하고, 누락한 것을 국세청은 모른다고 생각하는 것 같습니다. 하지만 그렇게 생각하다가는 큰 위험에 처할 수 있습니다. 물론 현금매출은 거래 상대방을 확인하기가 어렵기 때문에 사업자가 신고를 누락한다고 하더라도 국세청에서 이를

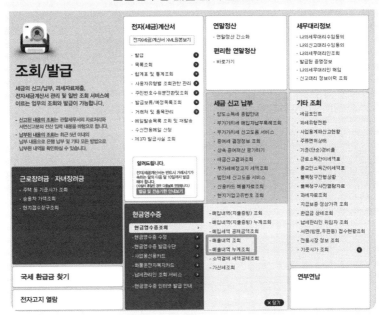

현금영수증 매출 내역 조회하기

국세청 홈택스 ⇒ 조회/발급 ⇒ 현금영수증 ⇒ 현금영수증 조회 ⇒ 매출내역 누계조회

적발하기가 쉽지 않습니다. 따라서 국세청은 사업주들의 현금매출 누락을 방지하기 위해 각종 분석 시스템을 개발하고 발전시키고 있습니다.

80쪽 그림은 국세청 홈택스 홈페이지 '부가가치세 신고도움 서비스'에서 조회할 수 있는 화면입니다. 이것을 보면 알 수 있듯이 국세청은 부가가치세 신고 상황을 통해 전체 매출에서 신용카드 및 현금

부가가치세 신고도움 서비스 예시

● 4. 과거 신고내역 분석

◎ 부가가치세 신고상황 (단위 : 백만원, %)

구분	확정	예정	확정	예정	확정	예정	확정	예정
매출액 (영세율)	0	0	0	0	0	0	0	0
	(0)	(0)	(0)	(0)	(0)	(0)	(0)	(0)
매입액 (고정자산)	0	0	0	0	0	0	0	0
	(0)	(0)	(0)	(0)	(0)	(0)	(0)	(0)
납부/환급세액	0	0	0	0	0	0	0	0
부가율	0.0	0.0	0.0	0.0	0.0	0.0	0.0	0.0

※(참고) 부가율을 (매출액-매입액) ÷ 매출액
(매출액 : 신고서 상 과세표준 - 수입금액제외, 매입액 : 신고서상 매입금액 - 고정자산매입액)

◎ 신용카드 및 현금영수증 매출 비중 (단위 : 백만원, %)

구분	확정	예정	확정	예정	확정	예정	확정	예정
과세 매출금액	0	0	0	0	0	0	0	0
신용카드 등 매출금액	0	0	0	0	0	0	0	0
신용카드 등 매출비율	0.0	0.0	0.0	0.0	0.0	0.0	0.0	0.0

※(참고) 과세매출금액 : 신고서 상 과세표준
신용카드 등 매출금액 : 신고서 상 신용카드·현금영수증 합계분
신용카드 등 매출비율 : 신용카드 등 매출금액 ÷ 과세 매출금액

◎ 면세매출 신고 비중 (단위 : 백만원, %)

구분	확정	예정	확정	예정	확정	예정	확정	예정
과세 매출금액	0	0	0	0	0	0	0	0
면세 수입금액	0	0	0	0	0	0	0	0
면세 매출비율	0.0	0.0	0.0	0.0	0.0	0.0	0.0	0.0

※(참고) 과세매출금액 : 신고서 상 과세표준, 면세 수입금액 : 신고서 상 면세사업수입금액
전체 수입금액 : 과세매출금액 + 면세 수입금액
면세매출비율 : 면세 수입금액 ÷ 전체 매출금액

영수증 매출의 비중, 과세와 면세를 겸업하는 경우 면세매출 신고 비율 등을 분석하고 있습니다. 즉, 해당 비율이 눈에 띄게 비정상적이라고 판단되는 업체를 선정하여 세무조사 혹은 사후검증 등을 진행할 수 있는 것입니다.

위와 같은 사례는 사업주가 사용한 비용을 통해 매출액을 추정한 경우입니다. 예를 들어, 학원업의 업종별 인건비 비율이 평균 40%라

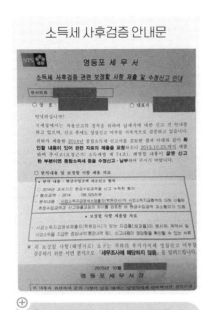

소득세 사후검증 안내문

영등포 세 무 서

소득세 사후검증 관련 보정할 사항 제출 및 수정신고 안내

○ 상　호 :　　　　　　　　　○ 대표자 :

안녕하십니까?

국세청에서는 자율신고의 정착을 위하여 납세자에 대한 신고 전 안내를 하고 있으며, 신고 후에도 성실신고 여부를 지속적으로 검증하고 있습니다.

귀하가 제출한 2014년 종합소득세 신고서를 검토한 결과 아래와 같이 **확인할 내용**이 있어 관련 자료의 제출을 요청(2015.10.23.까지 제출)하여 주시고(요청근거 : 소득세법 제 74조), 해당될 내용이 **잘못 신고한 부분**이면 종합소득세 등을 수정신고·납부하여 주시기 바랍니다.

○ 분석내용 및 보정할 사항 제출 자료

　● 분석 내용 : 현금수입금액 과소신고 혐의
　○ 2014년 과세기간 현금수입금액 신고 누락한 혐의
　　● 분석금액 : 2014　　198,520천원
　○ 분석내용 : 사업소득지급명세서합계표(학원강사)와 사업소득지급합계에 의해 산출된 종합수입금액과 신고종합수입금액을 비교 검토한 바 현금수입금액 과소혐의가 있음

　　　　● 보정할 사항 제출용 자료

　- 사업소득지급명세서합계표(학원강사)가 받는 지급액(성과급)이 명시된 계약서
　　사업소득을 지급한 증빙내역(통장내역 등), 신고내용이 정당함을 확인할 수 있는 서류

　※ 위 보정할 사항(해명자료) 요구가 귀하의 부가가치세 성실신고 여부를
　　검증하기 위한 사전 분석으로 **「세무조사에 해당하지 않음」**을 알려드립니다.

2015년 10월

영 등 포 세 무 서 장

○ 위 내용과 관련하여 문의 사항이 있을 때에는 담당자에게 연락하시면 친절하게 안내하겠습니다.

⊕

현금 수입금액이 과소신고되었을 때
이와 같은 안내문을 받을 수 있습니다.

고 가정했을 때 40만 원의 인건비를 지출했다면 매출액은 100만 원으로 추산이 되는데 해당 사업자가 80만 원만 매출액으로 신고했다면 왼쪽과 같은 사후검증 안내문이 나올 수 있습니다.

사후검증 안내문은 세무조사에는 해당하지 않지만, 의혹에 대해 소명하지 못했을 때는 결국 납세자가 세금을 부담해야 합니다. 이처럼 국세청의 현금매출 누락액 분석은 더욱 정교해지고 있습니다.

기타 매출(플랫폼 수수료, 인터넷 매출)

기타 매출은 국세청에서 매출 내역이 조회되지는 않지만 충분히 파악할 수 있는 매출입니다. 최근 음식 주문에 배달 애플리케이션(앱) 사용이 증가하고 있는데, 배달 앱을 통한 매출 발생액이 대표적인 사례라고 볼 수 있습니다. 이런 배달 앱 업체는 소비자의 주문을

음식 배달 앱 매출 파악 현황

● Ⅳ. 성실신고 사전안내

◎ 개인별 유의사항

안내항목	안내항목설명
음식 배달앱 사업자를 통한 판매금액	2017년 귀속 종합소득세 신고 시 도움을 드리고자 배달앱 사업자를 통한 판매금액(부가가치세포함)을 알려드리니 참고하여 성실히 신고하시기 바랍니다. (단, 아래 금액은 주요 배달앱 사업자로부터만 수집된 자료이며 실제와 다를 수 있습니다.) 사업장 [ ] 배달의민족 :5,202건,79,563,499원 / 요기요:1,631건,29,714,345원 / 배달통 :6건,99,000원)

◎ 업종별 유의사항

업 종	업종코드	신고시 유의할 사항
숙박 및 음식점업	552107	○ 사업과 관련하여 가족·친인척 및 직원 명의 계좌를 사용하는 경우, 수입금액 신고를 누락하거나 필요경비가 과다하게 계상되지않도록 유의하시기 바랍니다. ○ 면세사업자 및 농민 등 비사업자로부터 원재료 매입 시 무자료 또는 가공(과다)매입 등에 대한 필요경비 계상에 유의하시기 바랍니다. ○ 숙박업의 매출신고시 계좌이체로 수행한 이용금액(현금매출)이 집계누락되지 않도록 신고에 유의하시기 바랍니다.

* 업종코드별 수입금액이 가장 큰 업종을 기준으로 표시하였습니다.

대신 받아주고 사업자로부터 일정 수수료를 받는데 이 수수료에 대해서 배달 앱 업체는 세금계산서를 발행합니다. 수수료율과 배달 앱 업체 측의 세금계산서 발행 금액을 알면 국세청에서 충분히 배달 앱을 통한 사업자의 기타 매출액 규모를 추산할 수 있습니다. 최근 종합소득세 신고 안내문을 보면 배달 앱을 통한 매출액을 파악하고 있으니 누락하면 안 된다는 경고 문구가 기재되어 있습니다.

이와 마찬가지로 인터넷으로 물건 혹은 서비스를 판매하는 사업자 또한 인터넷 매출을 누락하지 않도록 해야 합니다. Cafe24, 고도몰, 메이크샵 등을 통해 독립몰을 만들고 판매하는 사업자와 네이버 스토어팜, 11번가, 옥션, G마켓, 위메프, 쿠팡 등에 입점하여 판매하는 형태의 사업자들이 이에 해당됩니다. 또, 모바일 앱을 통해서 서비스나 상품을 판매하는 사업자가 최근에는 엄청나게 많아졌고 거래 형태 또한 다양해지고 있습니다.

인터넷 플랫폼을 이용하여 발생한 매출 확인

매입처별 명세 (합계금액으로 기재)

거래처상호 | 오름차순 | 10 | 확인

일련번호	공급자 사업자등록번호	상호(법인명)	매수	공급가액	세액	합계금액	수취구분
1	[redacted]	(주)와이비로지스	2	4,339,273	433,927	4,773,200	사업자
2		(주) 알라딘커뮤…	2	110,818	11,082	121,900	사업자
3		네이버 주식회사	10	2,696,331	269,626	2,965,957	사업자
4		디자인텍스	2	1,090,909	109,091	1,200,000	사업자
5		예스이십사 주식회사	2	280,746	28,076	308,822	사업자
6		주식회사 위메프	2	392,496	39,247	431,743	사업자
7		주식회사 케이티	8	136,958	13,692	150,650	사업자
8		코웨이 (주)	2	35,454	3,546	39,000	사업자
9		한국전력공사	2	155,391	15,539	170,930	사업자
10		황금날개	2	503,660	50,366	554,026	사업자

그러나 어떤 플랫폼이 되었든 해당 플랫폼에서 매출이 발생하여 수수료가 나가면 이에 대한 세금계산서 발행을 하도록 되어 있으므로 이러한 매출을 누락했다가는 세무조사를 받을 수 있습니다. 최근에 제 고객이 된 한 사장님은 인터넷 쇼핑몰 매출을 세무대리인이 누락하여 추후 2억 원의 세금을 추징당한 적이 있습니다. 결국 모든 매출은 누락하지 않는 것이 가장 안전합니다.

국세청은 사업주의 비용을
어떻게 분석하나요?

사업주는 매출은 줄이고 비용은 많이 넣음으로써 순이익을 줄여, 결과적으로 세금을 줄이고 싶은 마음을 가지고 있습니다. 그렇기 때문에 국세청에서는 사업주가 과다하게 비용을 넣는 것을 방지하고 사업과 관련된 비용 지출액을 정확히 추출하기 위해서 세금계산서, 계산서, 신용카드, 현금영수증 및 인건비 신고라는 정확한 형태의 비용만을 인정하고 있습니다. 이를 세법상 용어로 '적격증빙'이라고 합니다.

예를 들어, 세금 신고 시 100만 원의 비용을 넣었는데 세금계산서, 계산서, 신용카드, 현금영수증 및 인건비로 국세청에 신고된 금액이 60만 원이라고 하면, 40만 원은 비적격증빙 금액에 해당합니다. 이

종합소득세 신고내용 분석결과 안내문 예시

종합소득세 신고내용 분석결과 안내

평소 국세행정에 협조해 주신 데 대하여 감사드립니다.

우리 세무서(소득세과 사후검증 분석팀)에서는 귀하를 사후검증 관리 대상자로 선정하여 2017년 귀속 종합소득세를 성실하게 신고하였는지 여부를 분석하였습니다.

신고내용을 분석한 결과 수입금액 또는 필요경비에 아래와 같이 문제점이 있는 것으로 나타나 이를 알려드리니, 잘못 신고한 사실이 있는 경우에는 2018.10.26.까지 수정 신고하여 주시기 바랍니다.

만일 신고 누락된 사항이 있는데도 수정 신고하지 않을 경우에는 세무조사 대상자로 선정될 수 있습니다.

신고내용 분석결과 문제점

■ 확인할 내용

> 귀하의 재무제표(대차대조표, 손익계산서) 분석 결과
> 신고서상 신고경비(731,821천 원)와 정규증빙 수취금액(102,378천 원)의 차이가 629,443천 원 발생하고 있음

■ 제출할 자료

　－붙임「필요경비 제출내용 검토표」

　※ 제출내용 검토결과에 따라 추가 서류를 요청할 수 있습니다.

2018.10

○ ○ 세 무 서 장

금액이 과다할 경우 국세청은 위와 같은 안내문을 보내 납세자가 소명을 하도록 요구할 수 있습니다.

위 안내문을 보면 신고된 비용과 정규증빙 수취금액의 차액이 6.3억 원입니다. 이 6.3억 원에 대해서 적절히 소명하지 못한다면 세

율 40%를 적용, 지방소득세 4%에 신고불성실 가산세 10%와 납부불
성실가산세를 약 30% 적용하여 소명하지 못한 약 6.9억 원의 최대
70~80%의 금액인 4~5억 원이 추징될 수 있습니다. 때문에 적격증
빙으로 비용을 지출하는 것이 굉장히 중요합니다.

적격증빙 챙기는 습관 들여야

아래의 안내 화면을 보면 국세청은 매년 세금 신고 시 들어간 비용
과 정규증빙 형태로 지출한 비용 간의 차액 분석을 통하여 세무조사
대상을 선정하고 사업주들이 세금을 제대로 내고 있는지 모니터링
하고 있습니다. 국세청의 연락을 받지 않으려면 비용 분석을 통하여
적격증빙이 전체 비용에서 차지하는 비율과 비적격증빙의 금액을 확

신고 비용과 지출 비용 간 차액 분석

● Ⅳ. 성실신고 사전안내

◎ 개인별 유의사항

안내항목	안내항목설명
정규증빙 과소수취	2016년 귀속 재무제표를 분석한 결과 귀하가 신고한 경비와 국세청이 보유하고 있는 정규증빙자료(세금계산서 등)의 차이금액이 1억원 이상입니다. 올해 신고 시 매입비용에 대한 정규증빙 수취여부를 자세히 확인하여 주시기 바랍니다. * 간편장부신고자 : 차이금액 5천만 원 이상

◎ 업종별 유의사항

업 종	업종코드	신고시 유의할 사항
사업시설관리 및 사업지원서비 스업	749609	○ 소비자에게 재화·용역을 공급하고 현금(계좌이체)으로 대가를 수령한 경우 그 수입금 액을 신고 누락하지 않도록 유의하시기 바랍니다. ○ 인건비를 지출한 경우 지급명세서를 제출해야하며, 미제출한 경우 미제출금액의 2% 를 지급명세서 미제출 가산세로 부과하니 유의하시기 바랍니다. ○ 여행사업의 경우 알선수수료와 항공, 숙박비 등 여행자가 부담해야할 비용을 구분하 지 않고 대가를 받는 경우 전액 수입금액에 해당합니다.

* 업종코드별 수입금액이 가장 큰 업종을 기준으로 표시하였습니다.

비용 분석해보기

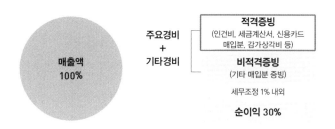

매출액 100%	주요경비 + 기타경비

적격증빙
(인건비, 세금계산서, 신용카드
매입분, 감가상각비 등)

비적격증빙
(기타 매입분 증빙)

세무조정 1% 내외

순이익 30%

인해봐야 합니다. 또, 돈을 쓸 때는 항상 적격증빙을 챙기는 습관을 들여야 합니다.

특히 사업주들이 자주 누락하는 것이 바로 인건비 신고인데, 인건비를 국세청에 신고하지 않은 상태로 세금 신고 시 비용으로 넣게 되면 이를 비적격증빙 금액으로 보아 문제 삼을 수 있습니다.

그런데 적격증빙을 사용했다고 해서 모두 비용 처리가 되는 것은 아닙니다. 아래와 같이 국세청은 비용을 어디에 사용하고 있는지도

사업용 신용카드 사용 현황 분석

◎ 2017년 사업용 신용카드 사용현황 분석

(단위 : 건, 원)

구분	합계	신변잡화 구입	가정용품구입	업무무관 업소이용	개인적 치료	해외사용액
건수	972	0	153	807	11	1
금액	47,094,114	0	8,141,900	38,760,651	122,900	68,663

* 2017년 사업용 신용카드 사용내역 중 업무와 관련이 적은 것으로 전산분석된 자료로써, 실제 지출용도와 차이가 있을 수 있습니다.
  - 신변잡화, 가정용품 구입 : 의료용 기구, 화장품, 예술품 등 구입액
  - 업무무관업소 이용 : 스포츠 교육기관, 수의업, 오락장 등 사용액
  - 개인적 치료 : 성형외과, 피부과, 치과병원, 한방병원 등 사용액

사업용 카드 사용 내역을 통해 분석하고 있습니다.

'신변잡화 구입'과 '가정용품 구입'란에 있는 것은 사업과는 관련 없이 개인 용도로 사용했다고 보이는 지출입니다. 예를 들어 음식점을 운영하는 사업자가 백화점에서 화장품을 구입한다거나 런닝머신 같은 헬스 기구를 구입하는 경우입니다.

'업무무관업소 이용'에 있는 것은 말 그대로 사업과 무관한 것으로 보이는 비용입니다. 예를 들어, 미용실을 운영하는 사업주가 헬스장 회원권을 구입하는 것이나, 사업장은 서울에 있는데 서울이 아닌 사업주 본인 주소지에서 사용한 금액 등도 해당이 되겠죠.

더불어 각종 병원, 약국 등에서 개인적 치료를 위해 사용한 비용은 사업자의 비용으로 처리될 수 없으며 해외에서 사용한 금액 또한 출장 명목이 아니라면 해당 부분을 비용으로 처리하는 데 주의할 필요가 있습니다.

03

세금계산서와 계산서는
누가, 언제, 어떻게
발행하는 것일까요?

    세금계산서는 누가 발행해야 할까요? 정답은 돈을 받는 사람 즉, 매출자가 세금계산서 혹은 계산서를 발행하는 것입니다. 법인사업자 및 개인사업자 중 일반과세자의 경우에는 '세금계산서'를 발행하고, 법인사업자 및 개인사업자 중 면세사업자의 경우에는 '계산서'를 발행합니다.

    간이과세자는 어떠한 경우에도 세금계산서를 발행해서는 안 됩니다. 사업자 중 간이과세자임에도 불구하고 수기도 아닌 전자로 세금계산서를 발행하여, 그것을 발급받은 매입자가 부가세를 환급받는 바람에 결국 매출자가 거래 상대방과의 관계를 위해 간이과세자를 포기하고 몇천 만 원의 부가세를 납부한 경우도 있습니다. 물론 이와

사업자 구분에 따른 계산서 발행

사업자 구분		세금계산서 발행	계산서 발행
법인사업자	일반과세자	○	×
	면세사업자	×	○
개인사업자	일반과세자	○	×
	간이과세자	×	×
	면세사업자	×	○

같은 사례는 엄밀히 따지자면 간이과세자가 발행한 세금계산서를 통해 부가세를 공제받은 매입자에게도 잘못이 있지만, 그 사건의 당사자인 사장님(매출자)은 앞으로의 원만한 거래를 위해 '울며 겨자 먹기'로 간이과세자를 포기해야 했습니다. 세금계산서를 발행해야 한다면 간이과세자가 아닌 일반과세자로 사업자 등록을 해야 하기 때문입니다.

세금계산서와 계산서를 작성할 때는 공급자의 사업자등록번호와 성명 또는 명칭, 공급받는 자의 사업자등록번호(고유번호 또는 주민등록번호 기재 가능), 작성 연월일 및 금액을 반드시 기재해야 합니다. 이를 필요적 기재사항이라고 합니다. 세금계산서는 금액에 부가세 10%가 포함되어 부가세 10%와 나머지 금액을 나누어 적는 반면, 계산서는 부가세가 없으므로 금액 전부를 적습니다.

위 사항들을 기재하기 위해서는 거래 상대방에게 사업자등록증

세금계산서	100원 + 10원 ⇨ 100원, 10원, 110원 기재
계산서	100원 + 0원 ⇨ 100원 기재

사본을 요청해서 받으면 됩니다. 이때 이메일 주소를 함께 받아 국세청 홈택스를 통해 전자세금계산서나 전자계산서를 이메일로 전송할 수 있습니다. 그리고 사업자등록증을 받으면 반드시 사업자등록증상 기재되어 있는 사업자등록번호를 조회하여 정상적인 사업자 번호인지, 거래 상대방이 휴업이나 폐업한 사업자는 아닌지, 실체가 없는 사업자는 아닌지 조회해보아야 합니다.

이는 92쪽에 나와 있는 방법으로 조회해보기 바랍니다.

만약 위 조회방법을 통해 조회가 되지 않는다면 해당 거래처에 대해서 의심을 품어볼 필요가 있고, 혹시 모를 사고를 미연에 방지해야 합니다.

세금계산서 발행 시기와 방법은?

그렇다면 세금계산서는 언제 발행해야 할까요? 돈을 주고받을 때 발행해야 할까요? 부가세법상 공급시기 즉, 세금계산서 발행 시기에 대해서는 다양한 케이스가 있지만 기본적으로 상품을 주고받

사업자 등록 상태 조회하기

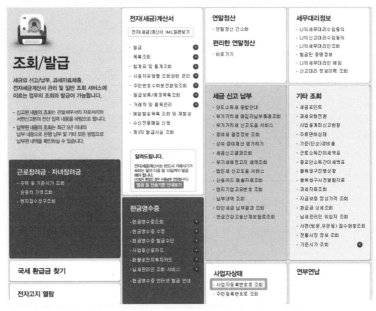

사업자등록상태조회

- 본 조회서비스는 홈택스 이용자의 세무처리와 거래 상대방이 세금계산서를 교부할 수 없는 폐업자 또는 간이과세자로 의심되는 경우, 납세자가 이를 확인하여 불의의 피해를 받지 않도록 하기 위한 최소한의 정보를 제공하는 것으로 법적인 효력이 없으며 출력하여 증빙자료 등으로 사용하실 수 없습니다.
- 당일 신청한 사업자상태변경(신규등록, 휴.폐업 등) 사항은 반영되지 않을 수 있습니다.

사업자등록번호		조회하기

❷ 사업자등록상태 조회

사업자등록번호	사업자등록상태
	부가가치세 일반과세자 입니다.

⊕ 이렇게 하세요

국세청 홈택스 ⇒ 조회/발급 ⇒ 사업자상태 ⇒ 사업자등록번호로 조회 ⇒ 사업자등록번호 입력 후 조회하기

앉을 때, 혹은 서비스업의 경우, 업무가 완료된 시점이라고 생각하면 됩니다.

그런데 상품을 주고받거나 업무가 완료될 때마다 매번 세금계산서를 발행하는 것은 너무 번거롭지 않을까요? 실무상 매번 거래가 이루어지는 시점마다 세금계산서나 계산서를 발행하는 것은 사실상 불가능에 가깝기 때문입니다. 이에, 세법에서는 한 달 치를 몰아서 다음 달 10일까지 세금계산서 혹은 계산서를 발행할 수 있도록 하고 있습니다. 예를 들어 6월분의 거래에 대해서는 다음 달인 7/10까지 세금계산서나 계산서를 발행하면 됩니다. 그리고 이를 어길 시 가산세가 부과되므로 매달 말일에는 한 달 치 결산을 통해 세금계산서나 계산서를 발행해야 하는 항목은 없는지, 혹시 누락되지는 않았는지 체크해두어야 합니다.

그렇다면 세금계산서는 어떻게 발행할까요? 요즘은 국세청 홈택스 전자세금계산서 및 계산서 발행 메뉴를 활용하여 손쉽게 자료를 관리·보관할 수 있습니다. 물론 일정 사업주들은 아직 종이로 세금계산서 및 계산서를 발행하고 있지만 이 경우에는 상대방이 금액을 누락하거나 분실할 가능성이 굉장히 높으므로 홈택스에서 발행하는 것을 추천합니다. 요즘은 전자세금계산서 및 전자계산서가 일반화되었고 수기 세금계산서나 계산서는 굉장히 많이 줄어들었습니다.

국세청 홈택스에서 세금계산서 및 계산서를 발행하려면 필요한 것이 있습니다. 바로 '전자세금용 공인인증서' 혹은 '전자(세금)계산서 보

안카드'입니다. 전자세금
용 공인인증서는 일반 은
행 공인인증서와는 별도
로 각 은행 공인인증센터
에서 발급받아야 합니다.
전자(세금)계산서 보안카
드는 가까운 세무서를 방
문하면 발급받을 수 있습
니다.

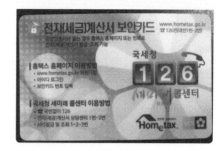

국세청 전자(세금)계산서 보안카드

전자(세금)계산서 보안카드 혹은 공인인증서가 구비되었다면 국세
청 홈택스에서 전자(세금)계산서 발행이 가능합니다.

전자(세금)계산서 발급이 이렇게 편리하기는 하지만 인터넷 사용이
익숙하지 않거나 혹은 세금계산서 발행 시기를 놓친 경우에는 수기
로 세금계산서나 계산서를 직접 작성해도 됩니다. 하지만 전자(세금)
계산서 의무발행 사업자에 해당되는 경우, 의무적으로 전자(세금)계
산서를 발행해야 합니다. 의무발행 사업자가 전자(세금)계산서를 발
행하지 않고 수기로 세금계산서나 계산서를 작성하면 가산세를 부담
해야 합니다.

더불어 2019년부터는 개인사업자의 전자(세금)계산서 의무발행 대
상이 확대됩니다. 사업주들은 이러한 부분을 잘 숙지하여 가산세를
부담하는 일이 없도록 주의해야 하겠습니다.

✏ 전자세금계산서 의무발행 개인사업자

[2018년 기준]

작년도 과세 매출이 3억 원 이상인 개인사업자

[2019년 7월 이후]

작년 과세+면세 매출이 3억 원 이상인 개인사업자

* 법인사업자는 무조건 전자세금계산서 발행

✏ 전자계산서 의무발행 개인사업자

[2018년 기준]

① 전전 사업연도(2016년) 사업장별 총수입금액(과세매출+면세매출)이 10억 원 이상인 사업자

② 의무발행기간 2018.01.01~2018.12.31

[2019년 1월 1일~6월 30일 기준]

① 전전 사업연도(2017년) 사업장별 총수입금액(과세매출+면세매출)이 10억 원 이상인 사업자

② 의무발행기간 2019.01.01~2019.06.30

[2019년 7월 1일 이후 기준]

① 직전연도(2018년) 사업장별 총수입금액(과세매출+면세매출)이 3억 원 이상인 사업자

② 의무발행기간 2019.07.01~2020.06.30

  * 법인사업자는 무조건 전자계산서 발행

세금 낼 돈이 없을 땐
어떻게 하나요?

최근 경기가 어렵다보니 세금을 내기도 어려운 사업주가 많이 있습니다. 사업을 하다보면 일시적인 자금 문제나 예상치 못한 천재지변, 거래처의 폐업 등 불가피한 사유로 세금을 제때 내지 못하는 경우가 생길 수 있습니다.

그렇다고 무턱대고 아무것도 하지 않으면 안 됩니다. 세금 체납이 되면 가산세 및 가산금이 부과되고 그것을 계속 납부하지 않을 경우 세무서에서는 체납세액을 징수하기 위하여 체납자의 자산을 압류하게 됩니다. 그래도 계속해서 세금을 내지 않으면 압류한 재산을 매각하여 그 대금으로 체납 세금을 충당하게 됩니다. 이뿐만 아니라 체납 세금이 있는 경우에는 은행 대출이나 신용노에 직접적인 악영향을 주어 자금 흐름이 더욱 악화될 수 있습니다. 특히 최근에는 대출 규제가 강화되어, 세금을 줄이기 위해 소득을 낮추어 세금을 적게 내거나 아예 내지 않는 경우에는 제1금융권에서의 대출 실행이 거의 불가능합니다.

신고라도 먼저 하세요

일단 이런 상황에서는 돈이 없다 하더라도 세금 '신고'만이라도 먼저 해야 합니다. 세금을 전혀 신고하지 않으면 무신고 가산세가 세액의 20%나 부과됩니다. 세금 신고만 해두어도 이 가산세가 절감되고 납부하지 않은 것에 대한 납부불성실 가산세만 부담하면 됩니다.

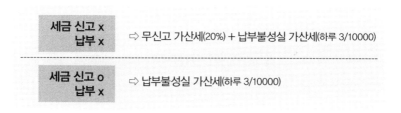

또, 세법에서는 납세자가 일정한 사유로 납부하기 어려운 경우 납부기한 연장이나 징수유예 등을 통하여 일정기간 동안 세금 납부를 연기할 수 있도록 하고 있습니다. 세법상 정하는 '납부기한 연장 사유'에 해당된다면 꼭 기한 내에 납부기한 연장을 신청하기 바랍니다.

위와 같은 사유에 해당이 된다면 납부기한 만료일 3일 전까지 신청서를 제출하되 조금 더 여유 있게 미리 담당 공무원에게 자초지종을 설명해놓는 것이 좋습니다.

또한 사업에 실패했다 재기하고자 하는 중소기업인의 경우, 일정 요건이 충족된다면 체납 처분에 따른 재산 압류 등을 유예할 수 있습니다. 소득세, 법인세, 부가가치세에 대한 세금 미납 시 재산 압류 등이 이뤄지는데, 이때 체납 처분 유예 신청을 통해 이를 3년까지 미룰 수 있도록 한 것입니다. 이 제도는 본래 2018년까지 시행하기로 되어 있었으나 2019년 세법 개정으로 적용 기한이 2021년으로 연장되었습니다. 재기 중소기업인들이 세금에 대한 걱정을 잠시나마 덜고 다시 일어설 수 있도록 지원하고자 정부에서 기한을 연장한 것이므로 이러한 제도를 잘 활용하기 바랍니다.

05

세금 신고를
잘못했다면?

세금 신고는 사람이 하는 일이기 때문에 신고해야 할 금액을 누락하거나 기타 증빙서류를 제대로 챙기지 못해서 공제받을 수 있는 금액을 공제받지 못하고 과다 납부하는 경우가 종종 발생합니다. 이 경우에는 당황할 필요 없이 수정 신고나 경정청구를 통해서 납부한 세금을 정정할 수 있습니다.

세금을 적게 신고했다면

먼저 수정 신고는 '세금을 더 내야 하는 경우'에 하는 신고입니다. 즉, 법정 신고기한 내에 신고서를 작성하여 제출하였으나 과세표준 및 세금이 과소 신고된 경우로, 매출을 누락하거나 비용을 과대 계상하는 경우에 해야 하는 것입니다. 물론 신고를 제대로 하지 못했으므로 가산세가 부과되는데 이를 신고 불성실 가산세(납부 세액의 10%)라고 합니다. 신고기한으로부터 6개월 이내에 수정 신고를 하는 경우에는 신고 불성실 가산세가 50%나 경감되고, 6개월에서 1년 이내 수정 신고를 한다면 20%가 경감되며, 1년 초과 2년 이내 수정 신고 시에는 10%가 감면됩니다. 즉 신고기한이 경과 후 2년 이내에는 자진해서 수정 신고를 할 시, 가산세를 경감받을 수 있는 것이므로 하루라도 빨리 수정 신고를 진행하는 것이 좋습니다.

세금을 더 많이 냈다면

수정 신고와는 반대로 세금을 더 많이 내서 오히려 세무서로부터 세금을 돌려받아야 하는 경우에는 경정청구를 해야 합니다. 즉, 신고기한 내에 세금을 신고했지만 과세표준 및 세금이 과다하게 신고된 경우에는, 신고기한 경과 후 5년 이내에 경정청구를 하면 세금을 돌려받을 수 있습니다. 주로 연말정산을 하는 근로자 분들이 부양가족을 누락하였거나 의료비나 교육비 공제 등을 누락한 경우 5년 이내에 경정청구를 통해 세금을 돌려받는 경우가 많이 있습니다.

세금을 잘못 신고했다고 하더라도 수정 신고와 경정청구를 통하여 불이익 및 손해가 없도록 조치하면 됩니다.

06

기장을 꼭 해야 하나요?

　많은 사업자들이 사업의 규모가 작은 경우에는 세무대리인을 두지 않고 홈택스를 통해 직접 신고하거나 세무서에 가서 세무공무원에게 신고를 맡기기도 합니다. 하지만 규모가 점점 커지면서 세금 금액도 늘어나고 리스크 또한 함께 증가함에 따라 어떻게 해야 할지 고민하는 경우가 많습니다.

　세무기장이라는 것은 세무대리인이 매일매일 발생하는 사업자의 사업장 관련 수입과 지출 내역을 복식부기의 원리에 따라 정리하고 재무제표를 만들며, 세법상 사업자가 해야 할 의무(부가가치세 신고나 면세사업자의 사업장 현황 신고, 원천세 신고, 법인세 또는 종합소득세 신고, 각종 명세서 제출 등)를 대신하여주는 서비스입니다. 세무대리인 역할은 아무나 할 수 있는 것이 아니라 국가에서 공인한 전문자격증을 가진 공인회계사, 세무사가 수행할 수 있습니다.

이러한 서비스에 대한 대가로 사업주들은 비용을 얼마나 지불해야 할까요? 세무기장대리 비용의 경우 법적으로 정해진 금액은 없고 세무대리인마다 각자 자율적으로 금액을 징하도록 하고 있습니다. 세무기장대리 비용은 크게 기장료와 조정료로 나누어 볼 수 있습니다. 기장료는 월별로 청구되며 매출액을 기준으로 보통 10만 원부터 산출되며 1년 단위로 상호 협의를 통해 조정해나가게 됩니다.

그렇다면 기장료와 별도로 있는 조정료라는 것은 무엇일까요? 법인사업자 혹은 개인사업자 모두 1년에 한 번씩 법인세 혹은 종합소득세를 신고하게 되는데 해당 신고서 작성 시 세무대리인의 세무조정이 필요합니다. 이때 세무대리인은 사업자에게 적용되는 각종 세액공제와 감면 등을 검토하고 신고와 관련된 각종 책임을 집니다. 이에 대한 대가를 조정료라고 하며, 이 또한 사업주의 매출액에 따라 달라집니다. 조정료는 1년에 한 번만 납부하면 됩니다.

기장을 맡기면 발생하는 비용은?

기장료   +   조정료

월별   1년에 1번

복식부기로 기장을 해야 하는 사업자

업종 구분	수입금액(직전연도)
농업·수렵업 및 임업, 어업, 광업, 도·소매업, 부동산 매매업, 기타 사업	3억 원 이상
제조업, 숙박·음식점업, 전기·가스·증기·수도사업, 하수·폐기물처리·원료재생·환경복원업, 건설업, 운수업, 출판·영상·방송통신·정보서비스업, 금융·보험업, 상품중개업	1억 5,000만 원 이상
부동산 임대업, 부동산 관련 서비스업, 임대업, 전문·과학 및 기술서비스업 등 각종 서비스업, 보건업, 가구 내 고용활동	7,500만 원 이상

　물론 복식부기 원리에 따라 기장을 해야 하는 사업자는 법적으로 정해져 있습니다. 모든 법인사업자는 복식장부로 기장을 해야 하고, 개인사업자 또한 직전연도 매출액이 위 표의 매출액 이상이 될 경우에는 원칙적으로 복식부기로 기장해야 합니다. 하지만 복식부기의무자가 아니더라도 기장을 맡길 수 있습니다.

기장을 하는 이유?

　그렇다면 왜 많은 사업주들이 직접 신고를 하지 않고 비용을 별도로 지불하면서까지 세무대리를 맡길까요?

　가장 큰 이유는 효율성 때문입니다. 대부분의 사업주들은 다양한 일을 한꺼번에 처리해야 하기 때문에 굉장히 바쁩니다. 따라서 직접 발생한 수입과 지출된 비용을 일일이 빠짐없이 장부로 만든다는 것은 불가능에 가깝습니다. 일정 관리를 못해 신고기한을 놓치는 경우도 빈번합니다. 게다가 복식장부 대상자의 경우 기장을 하지 않으면 세액의 20%가 무기장 가산세로 추가됩니다. 또한 회계, 세법 지식이 부족하여 판단이 필요한 쟁점이 생겼을 때 해결할 방법을 쉽게 찾을 수도 없습니다.

세무대리인에게 기장을 맡기면 이런 이슈를 파악하고 미리 예방하여 사업주의 세금 신고 리스크를 낮출 수 있습니다. 물론 회계, 세무 지식에 능통한 경리직원을 채용하는 방법도 있지만 세무대리인에게 지불하는 월기장료에 비하면 그것이 몇 배의 돈이 더 들기 때문에 비용 효율적인 측면에서 사업 규모가 일정 수준 커지기 전까지는 세무대리인에게 기장을 맡기는 것이 좋습니다.

그리고 무엇보다 기장을 맡기는 가장 결정적인 이유는 사업주 자신이 직접 신고했을 때보다 세무대리인에게 맡기는 경우에 실제로 세금이 줄어들기 때문입니다. 세무대리인은 조금이라도 사업주들의 세금을 (합법적으로) 줄이기 위해 다양한 세금 감면 혜택을 검토합니다. 따라서 세금 절감액이 1년 치 기장료 및 조정료보다 훨씬 큰 경우도 많습니다.

만약 복식장부를 기장하지 않는다고 하면 간편장부 혹은 추계의 방법으로 신고해야 합니다. 추계란 '추정하여 계산한다'라는 의미로 장부를 기장하지 못한 사업주들을 위해서 세법상 일정한 산식으로 세금을 계산하는 방법인데 이 방법의 경우 장부를 기장하지 않았으므로 일부 소규모 사업자를 제외하고는 세액의 20%가 가산세로 부과됩니다.

즉, 세액이 100만 원이라면 가산세가 20만 원으로 총 120만 원을 부담해야 하는 것입니다. 물론 신규사업 개시자나, 작년 매출액이 4,800만 원 미만인 자, 연말정산 되는 사업소득만 있는 사업자(보험모집인)의 경우에는 가산세가 부과되지 않습니다.

다음 그림은 추계를 하는 경우와 기장을 하는 경우의 세액 비교입니다.

추계했을 시와 기장을 맡겼을 때 세금 비교 예시

기장을 맡길 때 주의하세요

세무대리인을 결정할 때 반드시 주의해야 할 점이 있습니다. 내가 기장을 맡기는 사무실의 회계사, 세무사가 누구인지 꼭 확인해야 합니다. 간혹 명의대여 형식으로 회계사, 세무사의 명의를 빌려 기장 사무실을 운영하거나 각종 협회 등을 통해 신고해준다고 하는 경우가 있습니다. 그런데 이러한 사업장을 보면 기장료 가격이 극히 저렴

세무대리인 조회하기

이렇게 하세요

국세청 홈택스 ⇒ 조회/발급 ⇒ 세무대리정보 ⇒ 나의세무대리인조회

한 경우가 많은데, 의뢰인의 세금 신고 시 비용을 과다하게 넣어 부적절하게 세금을 줄여주는 등 문제가 있을 수 있습니다.

　자격을 갖춘 세무대리인은 나중에 신고서가 잘못되었을 때 세무대리인이 직접 이에 따른 책임을 져야 하지만 명의대여 형식의 사무실은 나중에 문제가 생기더라도 책임을 질 필요가 없기 때문에 가격도 낮고 비용도 과다하게 넣어버리는 것입니다. 따라서 이왕 기장을 하기로 했다면 홈택스 등을 통해 세무대리인을 조회하여 이름을 확인한 후 담당하는 회계사, 세무사 사무실에 한 번쯤은 방문하여 상담을 진행하는 것이 좋습니다. 또 그 대리인의 성명으로 실제 신고서가 들어가는지 확인해볼 필요가 있습니다.

　108쪽 그림을 보면 알 수 있듯, 만약 세무대리인 이름을 걸고 신고를 한다면 신고서 하단 '세무대리인' 란에 해당 회계사/세무사의 이름, 혹은 회계법인/세무법인명을 기재해야 합니다. 이것에는 세무대리인이 신고서에 책임을 지겠다는 의미가 담겨 있습니다. 요즘의 기장서비스는 단순히 장부를 만드는 것을 넘어서서 사업 전반에 걸친 회계, 세무, 자금 컨설팅이라는 확대된 개념으로 보는 추세입니다. 좋은 세무대리인을 만나 기장을 맡기면, 세금 문제가 생겼을 때 즉시 문의를 할 수 있고 혹시 세금 폭탄을 맞지는 않을까 불안해하는 일도 없을 것입니다.

세무대리인 신고서 예시

■ 부가가치세법 시행규칙 [별지 제21호서식] <개정 2018. 3. 19.>

홈택스(www.hometax.go.kr)에서도
신청할 수 있습니다.

일반과세자 부가가치세 [✓]예정 [ ]확정 [ ]기한후과세표준 신고서 [ ]영세율 등 조기환급

(제1장 앞쪽)

관리번호					처리기간 즉시

신고기간 2018 년 제 2 기 (07 월 01 일 ~ 09 월 30 일)

사업자	상 호 (법인명)	주식****	성 명 (대표자명)		사업자등록번호		주소지	휴대전화
	생년월일		전화번호		사업장			
	사업장 주소 서울특별시 성동****				전자우편주소			

● 신 고 내 역

구 분				금 액	세율	세 액
과세 표준 및 매출 세액	과세	세금계산서 발급분	(1)	1,200,236,792	10/100	120,023,679
		매입자발행 세금계산서	(2)	0	10/100	0
		신용카드·현금영수증 발행분	(3)	0	10/100	0
		기타(정규영수증 외 매출분)	(4)	0	10/100	0
	영세율	세금계산서 발급분	(5)	0	0/100	0
		기 타	(6)	0	0/100	0
	예 정 신 고 누 락 분		(7)	0		0
	대 손 세 액 가 감		(8)			0
	합 계		(9)	1,200,236,792	㉮	120,023,679
매입 세액	세금계산서 수 취 분	일 반 매 입	(10)	253,775,084		24,889,134
		수출기업 수입 납부유예	(10-1)			
		고정자산 매입	(11)	79,209,045		7,920,905
	예 정 신 고 누 락 분		(12)	0		0
	매입자발행 세금계산서		(13)	0		0
	그 밖의 공제매입세액		(14)	0		0
	합계(10)-(10-1)+(11)+(12)+(13)+(14)		(15)	332,984,129		32,810,039
	공제받지 못할 매입세액		(16)	2,863,635		286,365
	차 감 계 (15)-(16)		(17)	330,120,494	㉯	32,523,674
납부(환급)세액 (매출세액㉮-매입세액㉯)					㉰	87,500,005
경감 공제 세액	그 밖의 경감·공제세액		(18)			0
	신용카드매출전표등 발행공제 등		(19)			
	합계		(20)		㉱	0
예 정 신 고 미 환 급 세 액			(21)		㉲	0
예 정 고 지 세 액			(22)		㉳	0
사업양수자의 대리납부 기납부세액			(23)		㉴	0
매입자 납부특례 기납부세액			(24)		㉵	0
가 산 세 액 계			(25)		㉶	0
차감·가감하여 납부할 세액(환급받을 세액)(㉰-㉱-㉲-㉳-㉴-㉵+㉶)			(26)			87,500,005
총괄 납부 사업자가 납부할 세액(환급받을 세액)						0

● 국세환급금 계좌신고
(환급세액이 2천만원 미만인 경우) | 거래은행 | | 계좌번호 | |

● 폐 업 신 고 | 폐업일 | | 폐업 사유 | |

					부가가치세법 제48조·제49조 또는 제59조와 「국세기본법」 제45조의3에 따라 위의 내용을 신고하며, 위 내용을 충분히 검토하였고 신고인이 알고 있는 사실 그대로를 정확하게 적었음을 확인합니다.

	● 과 세 표 준 명 세				
업 태	종 목	생산요소	업종 코드	금 액	10월 22일
(27)					
(28)					세무대리인은 조세전문자격자로서 위 신고서를 성실하고 공정하게 작성하였음을 확인합니다.
(29)					세무대리인: 디자**** (서명 또는 인)
(30) 수입금액 제외					
(31) 합 계				1,200,236,792	성동 세무서장 귀하
					첨부서류 뒤쪽 참조

세무대리인	성 명	디자****	사업자등록번호	270-29-002**	전화번호	02-785-****

07

세금은 언제, 어떻게, 무엇을 신고해야 하나요?

사업을 하며 세금 공부를 시작한 분들이 자주 말씀하는 것 중 하나가 너무나도 많은 종류의 세금이 있는데 '과연 어떤 세금을 공부하고 알아둬야 하느냐'는 것입니다.

저는 상담을 하면서 기본적으로 딱 세 가지 종류의 세금만 알고 있으면 된다고 말씀을 드립니다. '부가세, 종합소득세(혹은 법인세), 원천세'가 그것입니다. 그럼 이 세금들은 언제 신고하고 납부해야 할까요?

여기서 주의해야 할 점은 신고와 납부를 구분하는 것입니다. '신고'란 신고서를 제출하는 것을 의미하고 '납부'란 신고서상에 도출된 세액을 납부하는 것을 의미합니다. 신고를 하지 않고 납부만 해야 하는 경우도 있기 때문에 두 가지 용어를 구분해서 기억해야 합니다.

세금 신고하는 방법

세금 신고서를 작성하는 방법에는 여러 가지가 있습니다. 신고서를 작성해서 세무서에 서면으로 제출하는 방법도 있고, 국세청 홈택스의 '신고/납부' 메뉴를 활용하는 방법도 있습니다. 후자의 경우 세무서에 직접 방문하거나 우편을 별도로 보낼 필요 없이 집이나 사무실에서 업무 처리를 할 수 있어 시간과 비용을 아낄 수 있습니다. 또 이렇게 하면 세무행정이 신속하고 정확하게 이루어질 뿐만 아니라 전산으로 이루어지는 신고이기 때문에 추후에 신고 내역을 확인하기도 편리합니다.

세금을 신고할 때는 홈택스 '신고/납부' 클릭 후 '세금신고' 란에서 신고하고자 하는 세목별로 클릭하여 신고를 진행하면 됩니다. 홈택스를 통해 직접 납세자 본인이 전자 신고를 할 경우 부가가치세 1만 원, 종합소득세 2만 원, 법인세 2만 원의 세액공제 혜택이 있습니다. 또한 왼쪽 하단의 '세금납부' 메뉴를 통해, 은행에 직접 방문하지 않더라도 계좌입금과 카드를 이용하여 국세를 간편하게 납부할 수 있습니다. 단 카드 납부의 경우 0.5~0.8% 수수료를 직접 부담해야 합니다.

각 세목별 세금 일정은 다음과 같습니다.

부가세 신고 및 납부 일정

첫 번째 부가세입니다. 법인사업자의 경우 분기별로 부가세를 '신고' 및 '납부'해야 하고 기한은 분기의 다음달 25일까지입니다. 즉, 1분기(1/1~3/31)의 경우 4/25까지, 2분기(4/1~6/30)의 경우 7/25까지, 3분기(7/1~9/30)의 경우 10/25까지, 4분기(10/1~12/31)의 경우 다음 연도 1/25까지 부가세를 신고하고 납부해야 합니다.

반면 개인사업자의 경우 4번의 부가세 신고가 부담스러울 수 있기 때문에 부가세 '신고'의 경우 1/1~6/30 기간을 '1기'라고 하여 7/25까지 신고·납부하고, 7/1~12/31 기간을 '2기'라고 하여 다음해 1/25까지 신고·납부해야 합니다. 하지만 6개월 치의 부가세를 6개월마다 한꺼번에 내게 될 경우 금액이 부담스러울 수 있으므로 세무서에서는 1월과 7월에 부과된 부가세의 절반을 4월과 10월 중간에 예정고지하여 납세자로 하여금 세금을 미리 납부하게 하고 있습니다. 실제 부가세 신고 시에는 예정고지 때 미리 납부한 금액을 빼고 나머지 부가세를 납부하는 구조입니다.

즉, 개인사업자 중 일반과세자들은 부가세 '신고'를 1월과 7월에만 하지만 '납부'는 1월, 4월, 7월, 10월, 이렇게 4번에 걸쳐서 한다고 기억해두면 좋습니다. 개인사업자 중 간이과세자는 1/1~12/31 기간분에 대하여 다음 해 1/25까지 연 1회 신고·납부하면 되고, 마찬가지로 7월에 예정고지서가 발송되어 미리 부가세를 납부하면 됩니다.

예정고지서를 받고 납부를 하지 않는 경우에는 가산금이 붙어 불이익을 받으므로 꼭 기한에 맞춰 납부해야 합니다. 면세사업자의 경우 부가세 신고 및 납부가 면제되므로 이와 같은 부가세 신고를 할 필요는 없고 개인면세사업자는 1/1~12/31 기간분에 대한 면세사업장현황신고서를 다음 연도 2/10까지 제출하고, 법인면세사업자는 1/1~12/31 기간분의 계산서 및 세금계산서 합계표를 다음 연도 2/10까지 제출해야 합니다.

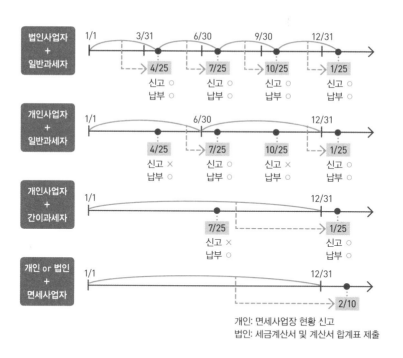

개인: 면세사업장 현황 신고
법인: 세금계산서 및 계산서 합계표 제출

종합소득세와 법인세 신고 및 납부 일정

두 번째는 종합소득세 혹은 법인세입니다. 부가세와는 별도로 1년 간 벌어들인 소득에 대해서 개인사업자는 '종합소득세'를 신고 및 납부하고 법인사업자는 '법인세'를 신고 및 납부해야 합니다. 개인사업자는 1/1~12/31까지 벌어들인 소득에 대해서 다음 연도 5/31 혹은 6/30까지 신고·납부하고, 법인사업자의 경우 1/1~12/31까지 벌어들인 소득에 대하여 다음 연도 3/31 또는 4/30까지 신고·납부하게 되어 있습니다.

부가세의 경우 면세사업자나 간이과세자에게 부가세 혜택이 있으나 종합소득세 혹은 법인세에는 그런 것이 없습니다. 따라서 개인사업자 중 간이과세자 혹은 면세사업자도 일반과세자와 동일한 시기에

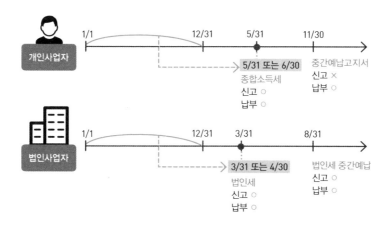

동일한 방법으로 종합소득세를 신고 및 납부해야 하고 법인사업자 중 면세사업자도 일반과세자와 동일하게 법인세를 신고 및 납부해야 한다는 점에 주의해야 합니다.

종합소득세 혹은 법인세의 경우도 한꺼번에 납부할 경우 납세자의 부담이 크기 때문에 직전 신고분의 절반을 중간에 납부하는 제도가 있습니다. 개인사업자의 경우 부가세와 마찬가지로 '중간예납고지서' 로 11/30까지 '납부'하면 되고, 법인사업자의 경우에는 8/31까지 중간예납 신고서 제출과 납부가 동시에 이루어져야 합니다.

원천세 신고 및 납부 일정

마지막으로 알아두어야 하는 세금은 원천세입니다. 모든 사업자는 누군가에게 인건비를 지급할 때 국세청에 반드시 신고를 해야만 비용 처리를 할 수 있습니다. 물론 소득을 지급받는 근로자나 프리랜서들이 본인의 모든 소득을 직접 신고하면 좋겠지만, 근로자나 프리랜서들은 사업주에 비해 세무 지식 및 신고 능력이 부족하여 신고를 하지 않을 가능성이 높고 그렇게 되면 세원 관리가 힘들기 때문에 사업주에게 그 의무를 부여한 것입니다.

인건비를 지급할 때 비용으로 인정받기 위해서는 세금을 제하고 인건비를 지급하고, 해당 세금을 지급일이 속하는 다음 달 10일까지 신고·납부해야 합니다. 이를 '원천세' 신고라고 합니다. 또한 직원별로 1년간 지급한 총 금액과 징수한 세금이 얼마인지 정리하여 분기 말일의 다음 달 30일, 다음 연도 2월 말 혹은 3/10까지 제출해야 하는 서류가 있는데 이것이 바로 '지급명세서'입니다.

일용직 급여는 2019년부터 분기의 마지막 달의 다음 달 10일까지 지급명세서를 제출해야 합니다. 기타소득, 이자 및 배당소득 등은 다음 연도 2월 말까지 제출해야 하고, 근로소득, 퇴직소득, 사업소득의 경우 다음 연도 3/10까지 지급명세서를 제출해야 합니다.

근로소득에 대한 지급명세서를 제출하는 것을 흔히 '연말정산'이라고 합니다. 원천세와 지급명세서 서식을 제출해야만 비로소 인건비로 비용 인정을 받을 수 있습니다. 만약 이 두 가지 서식을 제출하지 않고 비용 인정을 받으려면 인건비의 1%가 가산세로 발생합니다(기한 경과 후 3개월 이내에는 0.5%).

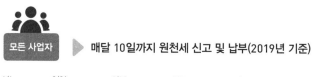

모든 사업자　▶　매달 10일까지 원천세 신고 및 납부(2019년 기준)

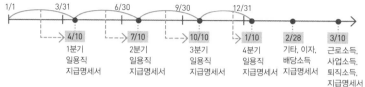

원천세 반기별 납부 승인 신청 시 원천세 신고 및 납부기한

근로소득 등	신고·납부 기한
1~6월(상반기)	7월 10일
7~12월(하반기)	다음해 1월 10일

만약 원천세를 매달 신고하는 것이 부담스럽다면 반기별 납부를 신청하는 방법도 있습니다. 상시고용 평균 인원수가 20명 이하인 소규모 사업자는 반기별 납부를 승인 신청하면 원천징수세액을 반기별로 납부하도록 해주는 특례가 있습니다.

반기별 승인 신청은 6월과 12월에 신청이 가능하며 세무서장으로부터 승인이 되면, 소규모 사업장은 더욱 편안하게 인건비를 신고·납부할 수 있습니다. 하지만 수월한 세금 납부를 위해, 인건비를 지급할 때 직원으로부터 징수한 금액을 함부로 쓰지 않고 6개월간 잘 보관해두는 것이 중요합니다.

세금 신고 기한을 잘 지켜서 가산세를 납부하지 않는 것이 절세의 제1원칙입니다. 사업주 분들은 〈한눈에 보는 세금 달력〉을 참조하여 한 달 전에 알람을 맞춰두고 세금 신고를 준비하는 습관을 들이는 것이 절세의 첫걸음입니다.

반기별 납부 신청하기

국세청 홈택스 ⇒ 신청/제출 ⇒ 일반세무서류 신청 ⇒ 민원명 찾기: 원천징수세액 반기 ⇒ 조회하기 ⇒ 인터넷 신청

08

그래서 세금이
얼마나 나온다고요?

　제가 고객분들과 상담을 하면 가장 많이 받는 질문입니다. 이 질문은 사실 굉장히 추상적이기 때문에, 추산을 한다고 하더라도 자료가 없다면 부정확한 답변을 드릴 수밖에 없습니다. 그렇지만 세금을 계산하는 방법을 조금만 이해하면 직접 쉽게 추리해볼 수 있습니다.

　일단 사업주에게 부과되는 세금은 (개인사업자의 경우) 부가세, 종합소득세, 인건비 관련 세금이고, (법인사업자의 경우) 부가세, 법인세, 인건비 관련 세금입니다.

　앞으로 설명할 계산 방법으로 각 세목별로 얼마의 세금이 나올지 추측하여 그 금액을 쓰지 않고 두었다가 '세금통장'을 만들어 저축해두는 습관을 들이면 갑작스러운 세금 폭탄으로 고생할 일을 줄일

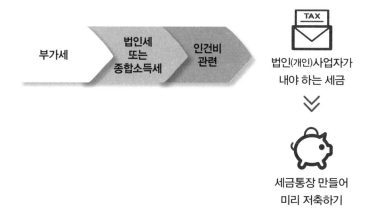

사업자가 대비해두어야 할 세금

수 있습니다. 미리 준비만 한다면 세금 폭탄이라는 것은 있을 수 없습니다.

갑자기 예측하지 못한 세금이 발생했을 때 세금 폭탄이라는 용어를 주로 쓰는데, 미리미리 준비해서 대비하지 않는다면 그것은 폭탄이 되는 것이고, 미리 준비하여 대비하면 당연히 내야 할 것을 내는 일상적인 일이 될 것입니다.

⑴ 부가가치세 계산법

부가세를 내야 하는 사업자는 부가세가 면제되는 재화 또는 용역을 공급하는 면세사업자를 제외한 모든 사업자입니다. 즉, 개인사업자 중 일반과세자와 간이과세사, 법인사업자 중 일반과세자가 모두

일반과세자의 세금 계산 구조

매출세액	= 공급가액 × 10%
(−)	
매입세액	**세금계산서 수취분 매입세액**
	(+) 기타공제 매입세액
	・ 신용카드매출전표 등 수령명세서 제출분 세액
	・ 의제매입세액 ・재활용폐자원 등 매입세액
	・ 과세사업전환 매입세액
(−)	・ 재고매입세액 ・변제대손세액
	(−) 공제받지 못할 매입세액
	・ 불공제 매입세액
	・ 공통매입세액 중 면세사업 등 해당세액
	・ 대손처분받은 세액
경감·공제세액	▶ 예정고지세액, 예정신고 미환급세액
	▶ 신용카드 등 발행에 따른 세액공제
(+)	
가산세	
(=)	
납부할 세액	

출처: 국세청, 「2018 세금절약 가이드 Ⅰ」

간이과세자의 세금 계산 구조

매출세액	= 공급대가(부가가치세 포함 총공급가액) × 업종별 부가가치율 × 10%
(–)	
매입세액	▶ 매입세금계산서 등 수취 세액공제 ▶ 신용카드 등 발행에 따른 세액공제 ▶ 의제매입세액공제
(+)	
가산세	
(=)	
납부할 세액	

출처: 국세청, 『2018 세금절약 가이드 Ⅰ』

부가세를 납부하는 사업자입니다.

또한 간이과세자로서 매출액이 2,400만 원 미만인 경우에는 부가세가 면제되므로 월평균 200만 원 미만의 매출액이 발생하는 간이과세자의 경우에도 당장은 부가세 대비를 별도로 안 하여도 됩니다.

부가가치세의 계산 구조를 간단하게 만들면 다음과 같습니다.

$$\underset{\text{부가가치세}}{\underline{(\text{매출액} - \text{매입액}) \times 10\%}}$$

이렇게 볼 때 부가세를 줄이려면 매출을 줄이거나 매입을 늘리거나 해야 하는데 사업자에게 매출을 줄이라고 하는 것은 장사를 접

으라는 말과 같습니다. 또한 의도적인 매출 누락은 나중에 과태료와 가산세가 눈덩이처럼 불어날 수 있으니 더욱더 위험한 일입니다. 이 때 매출액과 매입액은 부가세를 제외한 금액이지만 대략적인 부가세를 산출하는 경우에는 총매출액에서 총매입액을 빼서 계산하여도 무방합니다.

예를 들어, 편의점 사업주가 생수를 2,200원 원가에 들여와 11,000원에 팔았다고 가정하면 매출의 부가세 1,000원과 매입에 포함된 부가세 200원을 뺀 금액이 800원인데, 이를 부가세로 납부해야 되는 것입니다. 하지만 이때 주의할 것이 있습니다. 사업주가 2,200원의 비용을 지출했다고 해서 부가세 계산 시 그것이 무조건 비용 처리가 되는 것이 아닙니다. 세법상 인정하는 적격증빙인 세금계산서, 계산서, 신용카드, 현금영수증, 이 네 가지 형태로 지출을 해야만 부가세 계산 시 비용 처리가 가능합니다(계산서는 의제매입세액계산이 적용되는 음식점, 제조업 등이 해당).

부가세는 상품 혹은 서비스를 구매하는 고객으로부터 받아두고 추후에 내는 세금으로, 엄밀히 말하면 사업주가 부담하는 세금이 아닙니다. 생수병의 원래 가격은 1만 원이지만 여기에 10%라는 부가세를 덧붙여 구매자로부터 11,000원을 받는다고 하면, 10,000원이 진짜 매출이 되고 1,000원은 추후에 세무서에 내는 개념입니다. 즉, 실제로 부가세를 부담하는 사람은 소비자이고, 사업주는 부가세를 가지고 있다가 소비자 대신 세무서에 납부한다고 생각해야 합니다. 따

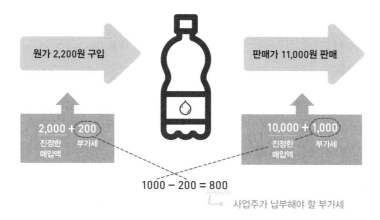

편의점 사장님이 생수통 1개를 팔았다고 가정하면…

원가 2,200원 구입

판매가 11,000원 판매

2,000 + 200
진정한
매입액
부가세

10,000 + 1,000
진정한
매입액
부가세

1000 − 200 = 800

사업주가 납부해야 할 부가세

라서 매출액이 발생하면 10%는 내 돈이 아니라고 생각하는 것이 가장 마음이 편합니다.

간혹 사업주 중 신용카드 사용액은 부가세를 신고할 때 '매입액'에 반영하지 못한다고 잘못 알고 있거나 신용카드 종이 영수증을 일일이 모아두어야 비용 처리가 된다고 생각하는 분들이 있습니다. 신용카드 사용액은 엄연히 법적으로 인정되는 증빙으로 부가세 신고서에도 신용카드 사용액을 기재하는 칸이 있습니다. 신용카드 매출전표를 보면 부가세가 별도로 기재되어 있는 것도 볼 수 있습니다.

즉, 신용카드 사용액은 부가세 신고 시 당연히 '적격증빙'으로 인정되고 비용 처리가 가능합니다. 또한 신용카드 종이 실물 영수증을 별도로 모아두지 않아도 카드사 홈페이지를 통해 충분히 사용 내역을 조회할 수 있고 국세청 홈택스에 '사업용 신용카드 등록' 절차를 통해 국세청에 신용카드 사용 내역이 자동 전송되므로 더 이상 번거롭게 실물 신용카드 영수증을 모을 필요가 없습니다.

또한 적격증빙인 세금계산서, 계산서, 신용카드, 현금영수증 형태로 비용을 지출했다고 하더라도 부가세법상 일정 항목은 부가세 계산 구조에 있는 '매입액'에 포함될 수 없습니다. 단, 이때 부가세법상 '매입액'에 포함되지 않는다고 해서 종합소득세나 법인세 신고 시에도 비용으로 인정받을 수 없는 것은 아닙니다. 따라서 종합소득세나 법인세 신고 시에 비용으로 인정받기 위해서는 아래 항목들일지라도 적격증빙 형태로 지출해두어야 합니다.

✏️ 부가세 신고 시 비용으로 인정되지 않는 항목

1) 면세사업자 혹은 간이과세자로부터 구매한 금액
2) 접대비 지출액
3) 토지 관련 비용
4) 비영업용 소형승용차 구입, 임차, 유지 관련 비용
   * 이에 대한 자세한 내용은 168쪽 참고
5) 사업과 직접 관련이 없는 지출액
   ex) 백화점 사용액, 헬스장 회원권 등
6) 일반과세자 중 소비자업종을 영위하는 자로부터 구매한 금액
   ex) 미용실, 목욕탕, 비행기 티켓 구입, 놀이공원, 영화관, 무도학원 및 자동차 운전학원, 과세대상 의료보건 용역 등

A 사장님은 부가세를 얼마나 내야 할까?

1~4월분 매출액이 231,000,000원이고, 1~4월분 매입액이 121,000,000원일 때

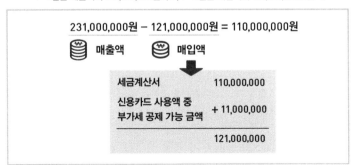

231,000,000원 − 121,000,000원 = 110,000,000원

💰 매출액　　💰 매입액

세금계산서	110,000,000
신용카드 사용액 중 부가세 공제 가능 금액	+ 11,000,000
	121,000,000

일반과세자의 경우

110,000,000원 ✕ 10% = 11,000,000
(매출액 − 매입액)　　　　　예상되는 부가세

간이과세자의 경우

110,000,000원 ✕ 10% ✕ 30% = 3,300,000
(매출액 − 매입액)　　　　업종별 부가율　예상되는 부가세
　　　　　　　　　　　　(가정)

업종별 부가가치율(간이과세자에게 적용됨)

구분	부가가치율
1. 전기·가스·증기 및 수도 사업	5%
2. 소매업, 재생용 재료수집 및 판매업, 음식점업	10%
3. 제조업, 농업·임업 및 어업, 숙박업, 운수 및 통신업	20%
4. 건설업, 부동산 임대업 및 그 밖의 서비스업	30%

결론적으로 부가세 납부 금액을 미리 예측하기 위해서는, 먼저 매출액을 확인하고, 비용 지출액 중 위에서 언급한 적격증빙을 사용한 금액 중 부가세법상 인정되지 않는 비용 항목을 제외한 금액으로 매입액을 산출하세요. 그리고 매출액에서 매입액을 뺀 금액에 10%를 곱하면 대략적으로 부가세 납부 금액을 예측할 수 있습니다.

간이과세자의 경우에는 이렇게 산출된 금액에 업종별 부가율 (5~30%)을 곱하여 부가세를 예측할 수 있습니다. 이렇게 부가세 금액을 미리 예측하고 매달 그에 상당하는 금액을 따로 저축하는 습관을 들이면, 신고기간이 다가올 때 부가세 폭탄에 떨지 않아도 됩니다.

(2) 종합소득세 계산법

부가세를 신고·납부하고 나서 종합소득세 신고기한이 다가오면 자주 접하는 고객들의 단골 질문이 있습니다.

"부가세를 냈는데 종합소득세를 또 내야 하는 건가요?", "부가세도 내고 종합소득세도 내면 이중과세 아닌가요?"라는 말입니다. 두 가지는 세법상 구분 용어이지만, 앞서 부가세 계산 구조 챕터에서 살펴본 생수병 판매 사례를 예로 들어 설명해보겠습니다.

매출액이 11,000원이고 매입액이 2,200원일 때 매출액 11,000원에 포함된 부가세 1,000원과 매입액 2,200원에 포함된 부가세 200원

종합소득세와 부가세 관계

매출액 11,000, 매입액 2,200인 편의점 사장님이 내야 할 종합소득세와 부가세는?

	종합소득세		부가가치세
매출	10,000	+	1,000
매입	(−) 2,000	+	(−) 200
인건비 등	(−) 3,000		(=) 800
영업이익	(=) 5,000		
세율	(×) 6%		
종합소득세	(=) 300		

부가세로 납부

편의점 사장님의 총 세금 부담액
800(부가세) + 300(종합소득세) = 1,100

의 차액은 부가세로 납부하는 것입니다.

그리고 나서 매출 10,000원에서 매입 2,000원, 그리고 부가세 때 반영되지 못했던 각종 비용(인건비, 부가세가 공제되지 않는 매입액, 차량 유지비, 접대비 등 사업과 관련된 모든 비용)을 뺀 순이익에 대해서 종합소 득세율(6~42%)이 곱해져 부과되는 세금이 바로 '종합소득세'인 것입니다.

즉, 종합소득세는 '소득'에 대해서 부과되는 세금이며 이때 '소득'은 매출액에서 상품매입비용과 인건비, 임차료, 각종 기타 판관비 등을 빼고 남은 '당기순이익' 개념이라고 생각하면 됩니다.

정확한 종합소득세 계산 구조를 보면 다음과 같습니다.

종합소득세 계산 구조

출처: 국세청, 「2018 세금절약 가이드 Ⅰ」

복잡하게 기재되어 있지만 간단히 종합소득세를 계산해보면 '종합소득금액'은 사업자의 당기순이익 개념이고, 여기에 본인에 대한 기본공제 150만 원만 있다고 가정해봅시다. 당기순이익에서 기본공제 150만 원을 차감하여 과세표준을 구한 뒤 산출세액을 계산하면 종합소득세로 납부해야 할 대략적인 금액을 쉽게 추론할 수 있습니다.

과세표준 x 세율 − 누진공제액
↳ 종합소득세 산출세액

보다시피 종합소득세는 누진세율이 적용되기 때문에 순이익이 높아질수록 세금이 누진적으로 증가됩니다. 전기세가 누진되는 것과 같이 순이익이 높아지면 적용되는 세율이 높아져 세금이 급진적으로 증가됩니다. 보수적인 입장에서 과세표준을 순이익으로 보면 순

종합소득세 세율(2018년 소득 기준)

과세표준(=종합소득금액−소득공제)	세율	누진공제
1,200만 원 이하	6%	-
1,200만 원 초과~4,600만 원 이하	15%	108만 원
4,600만 원 초과~8,800만 원 이하	24%	522만 원
8,800만 원 초과~1억 5,000만 원 이하	35%	1,490만 원
1억 5,000만 원 초과~3억 원 이하	38%	1,940만 원
3억 원 초과~5억 원 이히	40%	2,540만 원
5억 원 초과	42%	3,540만 원

이익이 5억 원일 경우 42%의 세율이 적용된다고 볼 수 있습니다. 최근 종합소득세 최고 세율이 2017년 40%에서 2018년에 42%로 상향 조정된 것입니다.

순이익이 3억 원 이상인 고소득 자영업자의 경우 세금을 30~40% 정도 종합소득세로 남겨두어야 대비가 가능합니다.

그리고 이때 주의할 점이 있는데, 그것은 종합소득금액 계산 시 모든 소득이 포함되었는지 여부입니다. 종합소득금액은 사업으로 인하여 벌어들인 소득뿐 아니라 이자, 배당, 근로, 연금, 기타, 부동산 임대 등의 소득을 포함한 개념이므로 종합소득세 신고 안내문 조회를 통하여 내가 신고해야 하는 소득금액에 누락된 다른 소득은 없는지 확인해야 합니다.

A 사장님은 이번에 종합소득세를 얼마나 내야 할까?

1~4월분 매출액이 231,000,000원이고, 1~4월분 매입액이 153,000,000원일 때

* 종합소득세 산출세액은 추정금액이며 보수적으로 가정하여 산출한 금액임

76,500,000원 × 24% − 5,220,000 = 13,140,000원

<table>
<tr><td>과세표준</td><td>세율</td><td>누진공제액</td><td>산출세액</td></tr>
</table>

A 사장님이 내야 할 종합소득세

그렇다면 종합소득세도 부가세와 마찬가지로 세금을 줄이기 위해 비용을 늘려야 하는데, 비용 처리되는 항목에는 어떤 것이 있을까요? 종합소득세 신고 시 비용 처리되기 위해서는 3만 원이 초과되는 비용 지출분에 대해 세금계산서나 계산서, 신용카드, 현금영수증 형태로 지출되어야 하고, 인건비의 경우 적법한 신고 절차를 거쳐야만

종합소득세 신고안내문 조회하기

➕ 이렇게 하세요

국세청 홈택스 ⇒ 조회/발급 ⇒ 세금 신고 납부 ⇒ 종합소득세 신고도움 서비스

비용 처리가 가능합니다. 종합소득세 신고 시 비용 처리되는 주요 항목은 다음과 같습니다.

① 접대비

연간 1,800만 원에서 2,400만 원에 매출액에 따른 조정금액을 더한 금액 한도 내에서 사업과 관련하여 지출한 접대비는 공제가 가능합니다. 경조금은 청첩장이나 부고장 등의 증빙이 있다면 비용 처리가 가능합니다. 청첩장, 부고장의 경우 요즘에는 문자메시지로 받는 경우가 많은데 해당 내용을 캡처하면 됩니다. 청첩장 혹은 부고장 1장당 20만 원 이하로 비용 처리가 가능합니다.

② 차량유지비

부가세 때 공제받지 못했다고 하더라도 사업과 관련해 차량을 이용했다면 차량 관련 구입대금은 감가상각비로 비용 인정됩니다. 리스 혹은 렌트차는 리스료 및 렌트비용, 유류대, 차량 정비비용, 차량 보험료 등이 세법상 한도 내에서 비용으로 인정 가능합니다.

③ 여비교통비

사업과 관련하여 국내외 출장비용에 대해 교통비, 숙박비 모두 비용 처리가 가능합니다.

④ 보험료

사업장과 관련하여 화재보험에 가입되어 있을 경우 해당 화재보험료와 업무에 사용한 차량 관련 보험료는 비용 처리가 가능합니다. 또한 4대보험료 중 사업주 부담분이나 지역가입자로서 납부한 사업주 본인의 건강보험료도 비용 처리가 가능합니다. 또한 4대보험과 국민연금 중 사업주 부담분은 '세금과공과'라는 계정과목으로 비용 처리가 됩니다.

⑤ 각종 공과금

사업장이 있다면 매달 납부하는 전기료, 가스, 수도료, 관리비와 업무와 관련하여 사용하는 핸드폰 및 인터넷 사용료, 전화료 등은 당연히 비용 처리가 가능합니다.

⑥ 광고선전비

사업과 관련하여 인터넷에 광고를 하거나 홈페이지나 블로그 제작 비용, 명함, 전단지 등 각종 판촉물에 대한 비용도 비용 처리가 가능합니다.

⑦ 지급수수료

매달 세무대리인에게 지급하는 기장료를 포함하여 업무와 관련해서 사용한 수수료인 경우 비용 처리가 가능합니다.

(3) 법인세 계산법

법인세도 종합소득세와 마찬가지로 1년 동안 법인사업자가 벌어들인 소득 즉, 당기순이익에 대해서 세금을 내는 제도입니다. 부가세 신고를 통해 매출액과 매입액을 확정하고 여기에 인건비 및 기타 판매와 관련된 각종 비용 등을 공제한 순이익에 대해서 10~25%의 법인

법인세 계산 구조

당기순이익

(+)/(−) 세무조정

차가감소득금액

(+) 기부금 한도초과액
(−) 기부금 한도초과이월액 손금산입

각 사업 연도 소득금액

(−) 이월 결손금
(−) 비과세소득
(−) 소득공제

과세표준

×세율(10~25%)

산출세액

− 세액공제·감면·가산세 등

총 부담세액

세율이 적용되어 부과됩니다. 개인의 종합소득세를 계산하는 방식과 동일한 방식으로 생각하면 됩니다.

법인세율은 종합소득세율에 비해서 낮습니다. 예를 들어 순이익이 2억 원인 경우 법인사업자는 10%의 세율이 적용되는 반면, 개인사업자는 종합소득세율에 따라 38%의 세금이 부과됩니다.

이렇게만 보면 법인 형태가 유리하다고 볼 수 있습니다. 다만 이것

법인세 세율

과세표준	세율	누진공제
2억 원 이하	10%	-
2억 원 초과 200억 원 이하	20%	2,000만 원
200억 원 초과 3,000억 원 이하	22%	4억 2,000만 원
3,000억 원 초과	25%	94억 2,000만 원

은 법인에서 2억 원의 순이익을 유출하지 않고 그대로 둘 경우에 해당하는 이야기입니다. 만약 이런 수익을 근로소득이나 배당소득 형태로 유출하게 되면 법인세율에 더하여 종합소득세율이 적용되어 오히려 세금 부담이 개인사업자인 경우보다 늘어날 수 있으므로 세금을 최소화하기 위해서는 전략적인 접근이 필요합니다.

당기순이익이 2억 원일 때 법인세와 종합소득세 비교

* 당기순이익과 과세표준이 동일하다고 가정

법인세

2억 원 × **10%** = 20,000,000원
당기순이익   세율

종합소득세

2억 원 × **38%** − **1,940만 원** = 56,600,000원
과세표준   세율   누진공제액

⑷ 인건비 관련 세금 계산법

사업주가 직원 혹은 프리랜서에게 비용을 지불하는 것을 '인건비'라고 하고 인건비를 지급하는 방식은 크게 세법상 세 가지로 나누어 볼 수 있습니다. 사업자(3.3%), 일용직 근로자, 정규직 근로자입니다.

인건비를 지급하는 세 가지 방식

1. 사업자(3.3%)
4대보험료 부담 없음

1. 일용직 근로자
산재보험료, 고용보험료 **부담**

3. 정규직 근로자
산재보험료, 고용보험료
국민연금, 건강보험료 **부담**

* 4대보험료는 '사업주' 기준으로 언급한 것임

① 사업자(3.3%)

흔히 말하는 프리랜서로 인적용역을 제공하고 대가를 지급받는 경우로 미용실 디자이너, 웹디자이너, 보험모집인, 중고차 딜러, 다단계판매원, 작가, 아프리카 bj, 연예인, 운동선수 등이 있습니다.

이 형태의 경우, 사업주가 5월에 100만 원을 지급한다고 하면 3.3%인 33,000원을 제하고 967,000원을 지급한 후 지급일의 다음 달 10일, 즉 6월 10일까지 원천세 신고를 해서 30,000원은 국세로서 세무서에 납부하고 3,000원은 지방소득세로서 시·군·구청에 납부하

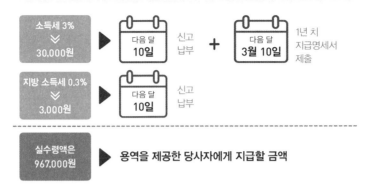

월급 100만 원일 때 세금 처리 예시

| 소득세 3% ⋁ 30,000원 | ▶ | 다음 달 10일 | 신고 납부 | + | 다음 달 3월 10일 | 1년 치 지급명세서 제출 |

| 지방 소득세 0.3% ⋁ 3,000원 | ▶ | 다음 달 10일 | 신고 납부 |

| 실수령액은 967,000원 | ▶ | 용역을 제공한 당사자에게 지급할 금액 |

면 됩니다.

이 유형은 사업주가 4대보험료를 고려할 필요가 없으며 소득을 지급하는 사업주가 아니라 소득을 지급받는 프리랜서 본인이 국민연금과 건강보험료를 부담하게 됩니다.

② 일용직 근로자

일용직 근로자는 일당을 받고 근로를 제공하는 형태의 근로자를 일컫습니다. 일용직에 대한 세금을 계산하는 방식은 다음과 같습니다(일용직 공제액 10만 원이 2019년 15만 원으로 상향 조정될 예정임).

$$(일급여액 - 100,000) \times 6\% \times (1 - 55\%)$$

↳ 일용직 세금

하지만 앞의 산식으로 계산된 세금만 떼었다가는 곤란한 경우가 발생합니다. 일용직 근로자의 경우 고용보험료와 산재보험료를 부과하도록 되어 있고 고용보험료 1.55% 중 0.65%는 근로자가 부담해야 하므로 일급여액의 0.65%를 세금과 함께 떼고 지급해야 하는 것입니다. 산재보험료는 사업주가 전액 부담해야 합니다.

일용직으로 세금을 뗀 후에는 다음 달 10일까지 세무서에 원천세를 신고·납부하도록 하고 분기 말일의 다음 달 말일, 즉 4월 말, 7월 말, 10월 말, 그리고 2월 말에 일용직 지급명세서를 제출해야 합니다 (2019년부터는 4/10, 7/10, 10/10, 1/10로 변경될 예정임).

세금이 1,000원 미만이면 세금을 징수하지 않아도 되며 일당 137,000원까지는 실질적으로 납부할 세금이 없습니다. 또한 고용보험료는 근로복지공단에 납부하는 것이므로 근로복지공단에 매달 15일까지 '근로내용확인신고서'라는 서식을 제출해야만 나중에 고용보험료 및 산재보험료 폭탄을 한꺼번에 맞지 않고 과태료도 부과되지 않습니다.

이때 주의할 것이 있습니다. 세법과 4대보험공단이 제시하는 일용직 근로자에 대한 기준이 다르다는 것입니다. 문제는 세법상 일용직 근로자에 해당되어 일용직 근로자로 세금 신고를 하면 국세청은 해당 자료를 4대보험공단으로 넘기는데, 4대보험공단 기준으로 일용직이 아니고 정규직이라면 나중에 4대보험료가 부과되는 것입니다. 그런데 이때 그 시점이 일용직 근로자에게 급여를 지급하고 나서 한참

🖉 세법상 일용직 기준
3개월 이상 계속 고용되어 있지 않다면 일용직 근로자로 봄

🖉 국민연금 부과 기준
1개월 이상 근로하거나 한 달에 8일 이상 근무 또는 월 60시간 이상 근무한 근로자의 경우 국민연금 부과됨(정규직 근로자로 봄)

후입니다. 그렇게 되면 근로자에게 청구하지도 못하고 불가피하게 사업주가 전액 부담해야 하는 상황이 발생하므로 직원을 일용직으로 구분 시 4대보험공단 기준에 맞추어 일용직인지 여부를 판단해야 합니다.

즉, 4대보험공단 기준에 따르면 1개월 이상 두 달 연속 근로하거나 한 달에 8일 이상 근무하는 경우, 또는 월 60시간 이상 근로하는 경우 4대보험료를 모두 징수하는 정규직으로 봅니다. 이 경우 세법상 신고할 때도 정규직 근로자로 신고해야 나중에 보험료 폭탄을 맞지 않습니다.

③ 정규직 근로자

정규직 근로자는 4대보험료가 모두 부과되는 형태의 근로자입니다. 이 형태의 근로자에게 인건비를 지급할 때는 소득세와 지방소득세, 4대보험료를 모두 미리 떼어두어야 합니다.

근로소득간이세액표 조회하기

⊕ 이렇게 하세요

국세청 홈택스 ⇒ 조회/발급 ⇒ 기타 조회 ⇒ 근로소득간이세액표

소득세의 경우 세법상 정해진 '근로소득간이세액표'에 따라 징수하고 4대보험료의 경우 근로자 부담분을 징수해야 합니다. 근로소득간이세액표는 부양가족 수와 월급여 등에 따라 매달 징수할 세금이 정해진 표입니다.

4대보험료가 제때 부과되려면 직원이 입사했을 때와 퇴사했을 때 4대보험공단에 입·퇴사 신고 절차를 진행해야 합니다. 입·퇴사 신고를 안 하면 과태료가 부과될 수 있으며 밀린 보험료가 다음해에 한꺼번에 부과될 수 있습니다.

사업주는 근로자로부터 징수한 소득세와 지방소득세, 4대보험료 중 근로자 부담분을 쓰지 않고 남겨둔 뒤 소득세는 세무서에, 지방소득세는 시·군·구청에, 지급일이 속하는 달의 다음 달 10일까지 납부합니다. 그리고 4대보험료는 사업주가 부담하는 금액을 근로자로부터 징수한 금액에 더하여 4대보험공단에서 부과되는 고지서를 통해 마찬가지로 다음 달 10일까지 납부하여야 합니다.

저는 인건비에도 부가세 10%가 붙는다고 생각하는 것이 좋다고 자주 말씀드립니다. 예컨대, 100만 원의 월급을 줄 때 4대보험료가 근로소득세와 함께 보면 약 20% 정도 되고, 이 중 약 절반인 10%는 근로자가 부담하고 약 10%는 사업주가 부담하게 되기 때문입니다. 즉 100만 원의 월급을 받는 직원을 채용할 때 10만 원은 근로자에게 급여 지급 시 미리 떼어 약 90만 원을 월급으로 지급하고, 사업주 부담분 10만 원과 근로자에게 미리 떼어두었던 약 10만 원을 더해 다음 달 10일에 세무서와 구청, 4대보험공단에 각각 납부하게 되는 것입니다.

때문에 근로자에게 부담할 수 있는 금액을 약 1.1로 나누어 월급을 산정해야 사업주가 부담하는 금액을 대략적으로 산출할 수 있습니다.

4대보험료율표(2018년)

구분	근로자 부담분	회사 부담분	합계	비고
국민연금	4.5%	4.5%	9.0%	-
건강보험	3.12%	3.12%	6.24%	-
징기요양보험	0.23%	0.23%	0.46%	건강보험료의 7.38%
고용보험	0.65%	0.9%	1.55%	150인 미만 기준
산재보험	전액 부담	0.7~34%	0.7~34	업종별 상이
총 부담율	8.5%	9.45~42.75%	17.95~51%	산재보험 제외

* 2019년에 국민연금, 건강보험료율이 상향 조정될 예정임.

유튜버도 국세청의 레이더망을 피할 수 없다
…최근 고소득 유튜버들의 탈루 정황 적발돼

유튜버는 최근 초등학생들의 장래 희망 직업 가운데 하나로 떠오를 정도로 인기가 매우 높아졌습니다. 아프리카TV를 통해 1인 방송이 인기를 끌면서 유튜브 채널로 활동 영역이 확장되었고, 대기업 또한 네이버TV, 카카오TV 등의 형태로 1인 방송 플랫폼 시장에 진출함에 따라 1인 크리에이터들이 활동할 수 있는 범위가 확대된 것이죠. 이와 함께 자연스레 1인 방송과 관련된 시장 규모가 커지고 콘텐츠를 공급하는 크리에이터들의 수입 또한 크게 증가하였습니다.

유튜브 수입은 유튜버가 제작한 콘텐츠에 광고를 삽입하고 그 수익을 유튜버가 일정 부분 배분받으면서 발생됩니다. 국내 유튜브 채널의 구독자 수는 매년 증가세를 보이고 있는데, 인기 유튜버인 '대도서관'은 한 인터뷰 기사에 유튜브로 17억 원을 벌었다고 공개하기도 했습니다.

이렇게 수억 원의 수입을 올리는 유튜버들이 증가하고 있는데, 최근 유튜버들의 세금 문제가 수면 위로 떠오른 바 있습니다. 어떤 것들이 이슈가 되었을까요?

수억 원의 수입 얻고, 세금은 나 몰라라?

1인 방송 관련 플랫폼 중 본사가 국내에 있는 네이버TV, 카카오TV, 아프리카TV 외, 'MCN(Multi Channel Network, 1인 크리에이터 매니지먼트사)'에 소속된 유튜버는 법인을 통해 원천징수 혹은 세금계산서 발행 등이 진행되기 때문에 문제가 되지 않습니다.

그러나 MCN 등에 소속되지 않고 개인 유튜버로 활동하여 수입이 발생한 경우는 유튜브 측에서 유튜버의 은행 계좌로 직접 송금하므로 국내 정부가 소득을 파악하기 어렵습니다. 바로 이 부분이 문제가 되는 것입니다. 유튜버들이 고수입을 올리고도 세금 신고를 누락하는 일이 빈번히 발생하고 있는 것이죠. 과세 당국이 해외에 서버를 둔 구글의 재무 정보를 파악하기 어렵고 국내법을 적용할 수도 없다는 허점을 노린 것입니다.

때문에 유튜버는 국내 과세망에 걸리지 않으니 세금 신고를 안 해도 된다고 잘못 알고 있거나, 걸리지 않으면 그만이라는 안일한 인식이 자리 잡은 것입니다. 하지만 국세청은 많은 소득을 올리고도 세금을 제대로 내지 않은 유튜버들을 대상으로 철저한 신고 검증을 진행하고 있으며, 만약 세금 탈루 혐의가 있을 경우 세무조사로 전환해 탈루한 금액을 추징할 방침이라고 밝혔습니다.

국세청은 한국은행으로부터 1년에 외화 1만 달러 이상 입금받은 자에 대해서 통보를 받고 있기 때문에 자료는 기본적으로 확보되어 있습니다. 따라서 성실하게 자진 납세하는 것이 내지 않아도 될 가산세를 줄이고, 추후 불필요한 소명 요구 등을 받지 않는 길입니다. 세금을 누락한다면 지금 당장은 문제가 안 되더라도 추후 탈세 제보 등을 통해서 덜미를 잡힐 수 있음을 기억하세요.

유튜버의 세금 신고 방법

그렇다면 유튜브는 어떻게 세금 신고를 해야 할까요? 가장 먼저 사업자 등록을 해야 합니다. 보통 유튜버들은 집에서 콘텐츠를 제작하는 경우가 많은데, 이때 집 주소를 사업장으로 하여 사업자 등록을 하면 됩니다.

더욱이 유튜버는 광고 수입에 대해 영세율의 적용을 받기 때문에 사업자 등록이 필수입니다. 만약 초기에 방송 장비 등을 구입하며 투자비용이 발생하였다면, 그 비용에 포함된 부가세를 환급받을 수 있는 '일반과세자'로 사업자 등록을 하는 것이 유리합니다. 초기 비용이 거의 발생하지 않은 경우에는 간이과세자로 사업자 등록을 하여도 무방합니다. 참고로, 간이과세자는 연간 매출액 환산액이 4,800만 원이 넘어가면, 다음 연도 7월 1일 기준으로 일반과세자로 전환됩니다.

사업자 등록을 했다면, 크게 세 가지 세금을 기억해두면 됩니다. 이때 법인사업자는 일단 제외하도록 하겠습니다.

첫 번째는 부가세 신고를 해야 합니다. 일반과세자의 경우, 1월과 7월에 25일까지 부가세를 신고해야 합니다. 간이과세자의 경우, 1월 25일까지 부가세 신고를 하면 됩니다.

다음으로 종합소득세 신고를 해야 합니다. 유튜버들은 보통 유튜브 1개의 채널뿐만 아니라 아프리카TV 혹은 네이버TV, 카카오TV 등 다양한 채널에서 수익이 함께 발생하는 경우가 많은데, 이때 모든 수입을 더하여 종합소득세로 신고해야 합니다. 종합소득세는 소득이 발생한 다음 연도 5월에 신고하며, 유튜브 등으로 인한 수입이 5억 원 이상인 경우 6월에 신고해야 합니다.

유튜버들은 사업장을 임차하지 않기 때문에 부대비용이 크게 발생하지 않는 경우가 많아, 억대 연봉의 유튜버들은 30~40%의 세금을 종합소득세로 납부해야 하는 상황이 일어납니다. 그렇기 때문에 사전에 이 점을 충분히 인지하고, 여유 자금을 저축할 수 있는 '세금통장'을 만들어 미리 대비하는 것이 좋습니다.

마지막으로 원천세가 있습니다. 만약 작가, PD, 영상편집자 등의 유튜버(개인사업자)는 어떻게 세금 신고해야 할까?

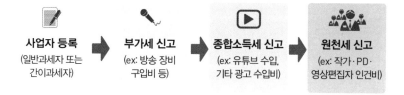

사업자 등록
(일반과세자 또는
간이과세자)

부가세 신고
(ex: 방송 장비
구입비 등)

종합소득세 신고
(ex: 유튜브 수입,
기타 광고 수입비)

원천세 신고
(ex: 작가·PD·
영상편집자 인건비)

인력을 고용하고 대금을 지급해야 한다면 스텝들의 이름, 주민등록번호를 받아 세금 및 4대보험료를 징수하고 나머지 금액을 급여로 지급합니다. 그리고 미리 징수한 세금 및 4대보험료는 각각 세무서와 공단 측에 납부해야 합니다.

저에게 상담을 하는 많은 유튜버들은 "그래도 안 걸릴 확률이 더 높지 않을까요?"라고 물어보곤 합니다. 그럴 때 저는 "오랫동안 유튜브 활동을 하고자 한다면, 응당 내야 할 세금은 내고 마음 편히 활동하는 것이 현명하다"라고 답변드립니다. 수입에 따른 세금을 납부하지 않고 어떻게든 되겠지라는 안일한 생각으로 있다면, 당장은 넘어갈 수 있어도 언젠가 결국 걷잡을 수 없는 화살로 돌아올 수 있다는 것을 명심해야 합니다.

3장

부자 되는
세금 디자인

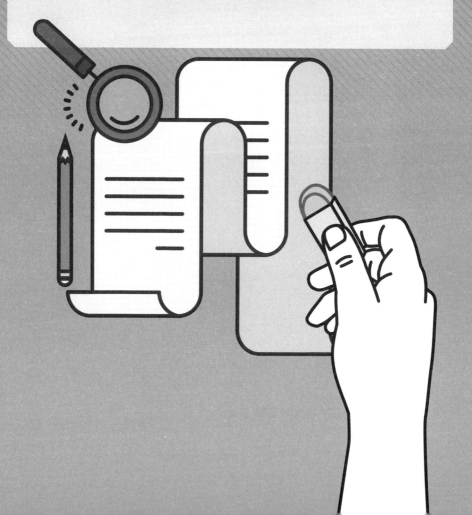

그렇다면, 실제 생활 속에서는
어떻게 세금을 아낄 수 있을까요?
주변에서 흔히 접할 수 있는
세금 관련 사례를 들여다보며
사장님들이 바로 적용해볼 수 있는
절세 전략을 알아보겠습니다.

권리금 때문에
종합소득세 폭탄 맞은
마트 사장님의 후회

사장님, 계약서는요? 세금 신고는요?

종합소득세 신고기간이 되면 고객과 세무대리인 간에 실랑이가 벌어지는 경우를 종종 볼 수 있습니다.

한번은 마트 사장님과 상담을 했는데, 이분 같은 경우는 좀 특이한 방식으로 사업을 하던 분이었습니다. 신도시 개발 계획을 접수하면 초기 단계에 마트를 열어 노마진으로 사업체를 운영하다가 대기업 마트나 편의점 등에 거액의 권리금을 받고 마트를 파는 것입니다.

그래서 마트를 보통 3~5개 정도씩 운영하던 분이었는데, 종합소득세 신고기간에도 여러 개 마트 사업장의 소득이 합산되는 바람에 종합소득세가 1,000만 원 정도 나오게 된 것입니다. 하지만 이분은 세금을 절대 낼 수 없다며 노발대발이었습니다. 이유를 들어보니, 마트를 처음에 인수받을 때 권리금으로 준 돈을 아직도 갚고 있어서 본인 수중에 남은 돈이 하나도 없다는 것이었습니다. 개업 초기에 권리금을 지급할 때 받은 계약서와 이체 증빙을 요청드리니, 1억 원이라는 돈을 현금으로 주고받았지만 계약서도 없고, 개업 초기 권리금 지급 시 아무런 세무 처리도 안 했다는 것이었습니다.

만약 이분이 권리금을 지급할 당시에 단 한 번이라도 근처에 있는 세무 전문가와 상담을 나누고 세법에 따른 세무 처리를 제대로 진행했다면 그해 1,000만 원의 세금은 내지 않아도 되었을 것입니다.

권리금, 잊지 말고 세무 처리하세요

상담을 하다보면 이러한 사례가 너무나도 자주 발생합니다.

창업을 할 때 새로이 사업을 시작하는 분들도 있지만 기존 사업을 인수받아서 시작하는 경우도 있습니다. 이때 사업자 간에 권리금을 주고받는데 권리금은 영업에 관한 시설, 비품, 거래처, 신용, 영업상 노하우, 상가건물 위치에 따른 영업상의 이점 등을 양도하는 대가로 받는 비용입니다. 그런데 많은 분들이 권리금을 주고받을 때 이에 대한 세무 처리를 놓치는 경우가 많습니다.

권리금이라는 큰돈이 나가는데도 통장에 이체 내역을 남겨두었다거나 계약서가 있으므로 당연히 자동적으로 비용 처리가 된다고 생각하는 경우가 많습니다. 앞선 사례 경우에는 심지어 통장 이체도 아닌 1억 원이라는 거금을 현금으로 건넸습니다(이렇게 큰 현금이 있다는 것 자체도 나중에 사업소득 누락 등의 문제가 발생할 여지가 있습니다). 설사 통장으로 이체했다 하더라도 무조건 비용 처리가 되는 것이 아닙니다. 어떤 경로로든지 돈을 받는 사람은 항상 그에 대한 세금을 내야 돈을 지급한 사람으로 하여금 비용 처리가 가능하도록 세법 구조가 만들어져 있습니다. 그래서 돈을 주고받을 땐 그에 따른 세금 처리는 어떻게 해야 하는지 미리미리 확인하는 습관을 들여야 합니다.

권리금을 받는 사업자, 즉 사업을 폐업하고 넘기려는 자는 원칙적으로 권리금에 대한 세금계산서를 발행해야 합니다. 만약 사업에 관한 모든 자산과 권리, 부채 등을 포괄적으로 넘기는 포괄양수도의 경우에는 권리금에 대해 예외적으로 세금계산서를 발행하지 않아도

됩니다. 반면 사업에 관한 권리와 의무 중 일부만 넘기는 '일반'양수도의 경우에는 돈을 받는 사람이 권리금에 대한 10%를 세금계산서로 발행해야 합니다. 세금계산서 발행 후 폐업자(사업 양도자)는 폐업일이 속한 다음 달 25일까지 부가가치세 신고를 하면서 권리금에 대해 받은 부가세를 세무서에 납부하면 됩니다. 포괄양수도 사업자는 동일하게 부가세 신고를 하되 권리금에 대한 부가세는 받지 않았으므로 권리금 관련 부가세는 납부하지 않아도 됩니다.

'일반'양수도의 경우, 권리금을 상대방에게 지급하는 사업자는 권리금에 부가세를 별도로 얹어서 금액을 지급하고 거래 상대방에게 세금계산서 발행을 요청해야 합니다. 이때 포괄양수도 사업자는 부가세를 별도로 주지 않고 세금계산서 발행 요청을 하지 않아도 됩니다. 다만, 포괄양수도 여부와 상관없이 권리금에 대해서는 '기타소득'으로 권리금을 지급하는 자가 6.6%(2018년 기준)를 원천징수하고 지급일이 속한 달의 다음 달 10일까지 '원천징수이행상황신고서' 제출을 통하여 징수한 6.6%(2018년 기준)의 금액을 세무서에 납부하면 됩니다. 이때 폐업하는 기존 사업자는 권리금에 대해 다음 연도 종합소득세 신고 시 사업 소득과 권리금 소득 즉, 기타 소득을 합하여 신고해야 합니다.

헷갈리시죠? 예를 들어, 1억 원의 권리금을 수수하는 경우라면 인수하는 자와 양도자가 밟아야 하는 의무적인 절차를 정리하자면, 다음 표와 같습니다.

권리금이 1억 원일 때 인수자와 양도자가 해야 하는 절차

구분	사업을 양도하는 자	사업을 인수하는 자
일반양수도	① 세금계산서 발행 ㄴ 1억 원(공급가액) + 1,000만 원(부가세) ② 폐업일이 속하는 다음 달 25일까지 폐업 부가세 신고 1,000만 원의 부가세 납부 ③ 다음 연도 5/31까지 권리금에 대하여 종합소득세 신고	① 사업을 양도하는 자에게 다음의 금액을 납부 후 세금계산서 발행 요청하기 ㄴ 1억 원−{1억 원 × 6.6%(원천징수액)} = 9,340만 원 ㄴ 9,340만 원 + 1,000만 원(부가세) **= 1억 340만 원** ② 원천징수된 6.6% 금액인 660만 원을 지급일이 속한 다음 달 10일까지 원천세 신고 및 납부 ③ 1억 원 '영업권' 계상 후 5년에 걸쳐 비용 처리함
포괄양수도	① 세금계산서 발행 X ② 폐업일이 속하는 다음 달 25일까지 폐업 부가세 신고 ③ 다음 연도 5/31까지 권리금에 대하여 종합소득세 신고	① 사업을 양도하는 자에게 1억 원에 대하여 6.6% 원천징수 후 9,340만 원 지급 ② 지급일이 속한 다음 달 10일까지 원천세 신고 및 660만 원 납부 ③ 1억 원 '영업권' 계상 후 5년에 걸쳐 비용 처리함

이렇게 해야만 기존 사업을 인수하면서 권리금을 지급하고 사업을 시작하는 분들은 권리금에 대해서 비용 처리를 할 수 있습니다. 이 권리금에 대한 것은 한번에 비용 처리되는 것이 아니고 5년에 나누어 처리가 됩니다. 예를 들어 권리금이 1억 원이었다면 2,000만 원씩 매년 나누어 비용 처리가 되는 것입니다.

매년 세액 효과를 따져보면 개인사업자는 최소 2,000만 원×6%인 120만 원에서 최대 2,000만 원×42% = 840만 원까지, 법인사업자는 최소 2,000만 원×10%=200만 원에서 2,000만 원×25%=500만 원의 세액 효과가 있습니다. 이때 전제조건은 반드시 위와 같은 절차를 준수했을 때 비용 처리가 가능하다는 점을 염두에 둬야 합니다. 위와 같은 절차를 지키지 않는다면 원칙적으로 비용 처리할 수 없습니다.

앞선 사례의 마트 사장님이 권리금 1억 원에 대한 이와 같은 적법한 세무 처리를 했더라면 1,000만 원의 세금은 내시 않아도 되었을 것입니다. 이분은 30년 동안 권리금으로 이익을 내오던 분임에도 권리금 지급 시 세무 처리에 대해서 제대로 알지 못했습니다. 더군다나 그동안 주로 이 마트 사장님뿐만 아니라 권리금을 받는 측에서 세금 신고를 안 하는 조건으로 암암리에 거래되는 경우가 많았고, 권리금을 지급하는 측은 대부분 사업을 처음 하는 사람들이 많아 이러한 사례가 자주 발생합니다.

하지만 국세청은 계속해서 이러한 권리금 신고의 누락으로 권리금을 수령하는 자가 세금을 내지 않는 상황을 적발하기 위해 다방면의 노력을 기울이고 있습니다. 적발 시 권리금을 지급한 자 또한 함께 원천징수의무 불이행 문제가 될 수 있으므로 이에 대한 주의를 기울여야 합니다.

치킨집 창업한 사장님,
직원 퇴직금 때문에
고발당하다?

섣부른 급여 처리가 가져온 결과

자료에 따르면 50대 직장인들이 은퇴 후 가장 많이 창업하는 업종이 치킨집이라고 합니다. 이때 처음 사업을 하면서 겪는 어려움 중에 크게 차지하는 것 중 하나가 직원에 관한 고민일 것입니다.

하루는 프랜차이즈 치킨집을 창업하여 운영하던 사장님이 울먹이는 목소리로 연락을 해왔습니다.

"김 회계사, 고용노동부에서 출석하라고 하는데 이거 어쩌나?"

사연을 들어보니, 1년 조금 넘게 점장으로 근무하던 직원 B가 퇴사하면서 퇴직금을 안 줬다는 이유로 고용노동부에 사장님을 고발한 것이었습니다. 두 사람은 입사 전, 월급에 퇴직금을 포함하여 주는 것으로 합의하고 계약서까지 작성해둔 상태였습니다. 그런데 이 직원의 경우 평소 월급이 200만 원 정도 되었는데 4대보험료와 세금을 납부하면 월 수령액이 낮아지니 세금 신고를 하기 싫다며 인건비 신고를 하지 말아달라고 한 것이었습니다. 이 직원의 인건비 신고가 누락되는 바람에 사장님은 연간 2,400만 원(월급 200만 원×12월)에 15%를 곱해 360만 원의 세금을 더 낸 상황이었는데, 월급에 포함하여 이미 지급되었던 퇴직금까지 요구하고 나선 것입니다.

인건비와 관련한 이러한 사례들은 현장에서 빈번하게 일어납니다. 인건비 신고를 하게 되면 국세청에 내는 소득세와 시·군·구청에 내는 지방세와 4대보험료가 발생하는데, 이 금액이 평균적으로 월급의 18~19% 정도 됩니다. 원래 4대보험료는 근로자와 사업주가 절반씩 부담해야 하고, 소득세와 지방소득세는 근로자가 전액 부담하는 것인데, 이때 근로자는 실수령액이 낮아져 이를 거부하는 경우가 실무 사례에서 빈번하게 발생하곤 합니다.

이렇게 근로자들의 거부로 사업주들이 인건비 신고를 안 하게 되면 비용 인정을 못 받아 세금이 늘어나게 되므로, 사업주들은 4대보험료 중 근로자 부담분과 세금까지 자신이 부담해버리는 경우가 있습니다. 직원이 간곡하게 요청하는 등 불가피한 상황 속에서는 앞선 사장님처럼 인건비 신고를 하지 않을 수 있지만, 인건비 신고를 했을 때와 안 했을 때 사업주가 내야 하는 세금이 달라신다는 것을 유념

해야 합니다.

아래의 표는 3명의 직원이 있는 사업장에서 인건비를 신고한 경우와 그렇지 않은 경우 사업주가 부담하는 금액을 비교한 표입니다.

이 표를 보면 인건비를 신고하지 않은 경우에는 사업주의 세액이 6,192만 원이지만, 인건비를 신고하면 사업주의 소득세 금액은 3,480만 원, 4대보험료는 702만 원이 되어 사업주의 총 부담액이

인건비 신고했을 때와 그렇지 않을 때 세금 비교

4대보험료 금액 중 원칙대로 사업주 부담분만 부담하는 경우

구분	인건비 신고 ×	인건비 신고 ○
2018년 예상소득세 (2019년 5월 납부)	6,192만 원	3,480만 원
4대보험 합계액 (사업주 부담분)	0	702만 원
합계액	6,192만 원	4,182만 원
		감소액 2,010만 원

4대보험료 금액 중 근로자 부담분까지 사업주가 부담하는 경우

구분	인건비 신고 ×	인건비 신고 ○
2018년 예상소득세 (2019년 5월 납부)	6,192만 원	3,480만 원
4대보험 합계액 (근로자 부담분+사업주 부담분)	0	1,314만 원
합계액	6,192만 원	4,794만 원
		감소액 1,398만 원

4,182만 원이 됩니다. 결국 총 부담액은 약 2,010만 원 감소하게 되는 것입니다.

왜 이런 현상이 발생할까요? 현재 이 사업주의 경우 종합소득세율이 38%인데 지방소득세를 포함하면 약 41.8%(38%+3.8%)입니다. 반면 4대보험료율의 경우 근로자 부담분과 사업주 부담분을 모두 합산하면 18~19% 정도 되는데 이 비용을 대표자가 모두 부담하더라도 (원칙적으로 사업주 부담분만 부담하면 되지만 근로자가 거부할 경우) 인건비 신고를 하고 그것을 비용으로 반영하여 소득을 줄임으로써 소득세율 41.8%를 줄이는 것이 유리하기 때문입니다.

즉, 소득세율이 4대보험료율보다 높다면 비용 처리를 통해 소득세율의 한계구간을 낮추는 것이 중요하다는 것입니다. 전기 누진세처럼 세금도 누진 적용되므로 높은 세율이 적용되는 경우 세율 구간을 낮추는 것이 절세의 핵심입니다.

인건비 신고 놓치지 말아야 세금 절약

상담을 하는 사장님들에게 이와 같이 말씀드리면, 사장님들은 그렇게 다 신고하려면 사람을 뽑을 수가 없다고 합니다.

특히 요즘 음식점이나 제조업 등 업무가 고된 업종에는 한국인 근로자가 많지 않고 불법 체류 중인 외국인, 소득이 노출되면 안 되는 신용불량자·기초생활수급자 등이 근무하는 경우가 많다보니 인건비 신고를 누락하는 사업장이 많은 것이 현실입니다. 하지만 인건비를 신고하지 않으면 결과적으로 사업주의 순이익이 늘어나 내지 않아도 될 세금이 증가된다는 것을 잊지 마세요.

간혹 신고되지 않은 인건비를 그냥 비용으로 넣어버리면 되지 않느냐고 문의하는 분들도 있는데, 그렇게 했다가는 적절히 신고되지 않는 비용에 대해 적격증빙 과소수취로 인해 국세청으로부터 사후검증 안내문이나 세무조사 등을 받을 수 있습니다. 그렇게 되면 인건비 신고 누락분에 대해서 소명해야 하며 어마어마한 가산세를 추가로 부담할 수 있습니다.

사업주 중에는 4대보험 가입을 시키지 않으면 퇴직금을 주지 않아도 된다고 생각하거나, 앞선 사례처럼 월급에 퇴직금을 포함할 수 있다거나, 퇴직금을 1년마다 정산하는 분들이 있습니다. 근로기준법상 근로자에 해당할 경우 4대보험 가입 여부와 상관없이 고용주는 계속근로기간 1년 이상 근로자에게 무조건 퇴직금을 지급해야 합니다.

위 사례처럼 월급에 포함시켜 퇴직금을 주기로 합의하고 계약서까지 작성했다고 하더라도 결국 이 퇴직금은 상여로 간주되며, 오히려 이 상여로 퇴직금이 늘어나는 결과가 발생합니다.

치킨집 사장님은 결국 퇴직금을 지급하지 않은 것에 대한 과태료 500만 원과 근로자의 퇴직금 약 200만 원까지, 총 700만 원을 내고 이 일을 마무리할 수 있었습니다. 이 일이 터지기 전에 아무리 인건비 신고는 해야 하며 퇴직금을 월급에 포함하여 주면 안 된다고, 누누이 말씀을 드려도 믿을 만한 사람이니 괜찮다고 하셨으나, 인건비 누락으로 인한 세금 증가액까지 하여 1,000만 원에 달하는 금액을 내고서야 저희의 말씀을 이해하셨습니다.

인테리어에 들어간 비용 제대로 챙기면 세금 줄일 수 있다?

영수증만 모아서는 안 된다

회사원이던 D 사장님은 5년간의 회사생활을 정리하고 숙원사업이던 애견카페를 압구정에 열었습니다. 기존의 애견카페보다 더욱 고급스럽고 품격 있는 카페를 만들고자 테이블과 의자 등도 값비싼 제품들로 구입하는 등 인테리어에 많은 공을 들였죠. 그리고 개업한 후 8개월 정도 된 시점에 주위 입소문을 타면서 급격히 매출이 성장하였습니다.

이 업체의 하반기 매출은 약 2억 원 정도 되었고, 사장님은 본인의 지출이 워낙 많았으니 당연히 세금이 그렇게 많지는 않겠거니 생각하고 있었습니다. 하지만 수임동의 후 분석한 결과, 비용으로 처리할 만한 것이 거의 없었고 부가세만 1,500만 원 정도 산출되었습니다. 사업주 본인에게는 지출한 비용이 많았고 남는 게 하나도 없었지만 세무 자료상으로는 비용이 거의 없었던 것입니다.

이 내용을 말씀드리자 자료가 다 준비되어 있다며, 종이로 된 각종 거래명세표와 영수증들이 담긴 박스를 보내주었습니다. 하지만 이런 거래명세표와 영수증은 3만 원 이하인 경우에만 종합소득세 혹은 법인세 신고 시 비용으로 인정될 수 있습니다(부가세 신고 때는 3만 원 이하 영수증일지라도 비용 처리 불가). 3만 원을 초과하는 경우에는 반드시 세법상 서식인 세금계산서, 계산서, 현금영수증(사업자등록번호로)을 수취하거나, 신용카드를 사용해 결재했어야 함에도 불구하고 이를 몰랐던 것입니다.

거래명세표, 영수증은 나중에 소명할 수는 있지만 거래금액의 2%의 가산세가 발생합니다. 또 원칙적으로 세법상 인정하는 적격 증빙이 아니기 때문에 결국 D 사장님은 1,500만 원에 달하는 부가세를 납부할 수밖에 없었습니다. 이렇게 한 까닭을 물으니 사장님의 말인 즉슨, 부가세 10%의 금액을 더 달라고 했는데 그 금액이 아까워서 그렇게 했다는 것입니다.

인테리어 비용, 계산서 발급 잊지 마세요

창업을 준비하다 보면 간판을 설치하거나 각종 비품을 구입하면서 인테리어와 관련된 비용이 발생합니다. 이 경우 인테리어 업자에게 세금계산서 발행을 요청하면 10%의 부가세가 붙은 금액으로 발급됩니다. 그런데 보통 사업 초기에 인테리어를 하는 경우가 많기 때문에, 세무적인 지식이 거의 없거나 빠듯한 예산을 가지고 창업을 준비하는 분들은 10%를 더 내라고 하면 부담이 되어 세금계산서 발급을 포기하는 경우가 많습니다.

예를 들어 인테리어 비용이 1억 원일 경우, 부가세만 1,000만 원이 되니 세금계산서를 발급받는 것이 맞는 건지 고민되는 겁니다. 게다가 인테리어 비용을 주는 사람이 부가세 신고를 하지 않는 면세사업자이거나 부가세 환급을 받지 못하는 간이과세자인 경우에는 더 큰 고민이 될 수밖에 없습니다. 보통 면세사업자나 간이과세자인 경우에는 인테리어 비용에 대한 부가세를 별도로 주고 세금계산서를 발급할 필요가 없고, 일반과세자인 경우에만 세금계산서를 발급하면 된다고 주변에서 잘못된 조언을 주는 경우도 있습니다.

하지만 사업주가 자신의 사업을 계속적으로 운영해갈 것이고 매출액과 순이익이 높아질 것으로 기대하고 있다면, 원칙적으로 부가세를 별도로 주고 세금계산서를 발급받는 것이 맞습니다.

① 일반과세자의 경우

인테리어 비용 1억 원에 대한 부가세 1,000만 원을 납부하게 되면 1,000만 원은 부가세 신고 때 환급받고, 1억 원은 '감가상각'이란 절차를 통하여 수년에 걸쳐서 비용 처리됩니다.

② 간이과세자, 면세사업자의 경우

인테리어 비용 1억 원에 대한 부가세 1,000만 원을 납부하게 되면 부가세 신고 등을 통해서 1,000만 원을 환급받을 수는 없지만, 1억 원에 이 1,000만 원을 더하여 1.1억 원에 대한, 마찬가지로 '감가상각'이라는 절차를 통해서 수년에 걸쳐 비용 처리할 수 있습니다.

즉, 일반과세자, 간이과세자, 면세사업자의 구분은 부가세법상의 구분이며 부가세 납부 여부에 영향을 줄 뿐이고 소득에 대한 세금인 법인세나 종합소득세는 동일하게 신고 및 납부를 해야 히기 때문에 인테리어 비용을 부가세법상 비용으로 인정받으려면 세금계산서를 발급받아야 합니다.

　보통 세금계산서를 발급받지 않으면 일부 할인을 해준다면서 권유하는 경우가 있는데, 소득세의 경우 최소 6%이고 법인세의 경우 최소 10%이므로 소득세율 혹은 법인세율 이상 할인해주는 경우가 아니라면 세법상 적격증빙인 세금계산서를 받고 비용 처리하는 것이 유리합니다.

　만약 불가피하게 세금계산서를 발급받지 못하였다면 해당 비용을 계좌 이체해두고 견적서 등을 통하여 거래 사실을 입증할 수 있는 경우에는 증빙불비 가산세 2%를 부담하고 비용으로 인정받는 방법이 있습니다.

게스트하우스 사장님의
세금을 줄이는 차량 구입법

세금 줄어드는 '업무용 차량'은?

고객 중 제주도에서 게스트하우스를 운영하는 한 대표님으로부터 어느 날 연락이 왔습니다.

"회계사님, 제가 이번에 손님들 픽업하는 차량을 구매하려고 하는데 세금 혜택을 받을 수 있는 방법이 있을까요?"

정답은? 네, 당연히 있습니다.

많은 사업주들이 사업을 개시하고 나서 차량 관련 비용에 대해 문의해옵니다. 근로소득자에 비해서 자영업을 하거나 중소기업을 운영하는 분들은 사업상 혹은 영업상 용도로 운전을 하는 경우가 많고,

사업을 하는 경우 차량 관련 비용을 경비 처리할 수 있어 굉장히 저렴하게 차량을 운용할 수 있다는 인식 때문입니다.

실제로 과거에는 업무용 승용차 관련 비용에 특별한 제재가 없었습니다. 하지만 고소득 자영업자를 비롯한 중소기업, 대기업의 임원들이 사실상 업무에 사용하지 않는 고가의 외제차를 회사의 비용으로 구입 혹은 리스·렌트하여 무분별하게 비용 처리하다보니 문제가 되었고, 2016년 세법 개정을 통해 업무용 승용차 관련 비용에 대한 제재 규정이 마련되었습니다.

이때 부가가치세 신고 시 처리되는 차량 관련 비용과 종합소득세나 법인세 신고 시 처리되는 차량 관련 비용을 구분해서 기억해두어야 합니다.

① 부가가치세 신고 시, 차량 관련 비용 처리는?

부가가치세 신고 시 비용 처리가 되지 않는 차량 관련 비용은 '비영업용', '소형승용차'의 구입·임차·유지에 관련된 비용입니다. 이때 비영업용과 '소형'의 의미는 상식적으로 보통 사람들이 생각하는 용어가 아닌 부가세법상 용어입니다. 부가세법상 영업용이란 운수업, 자동차 판매업, 자동차 임대업, 운전학원업 및 경비업 등과 같이 승용차를 직접 영업에 사용하는 것이며, 이외의 목적으로 사용하는 것은 모두 비영업용에 해당됩니다. 우리가 일반적으로 영업사원이 거래처에 영업을 하러 이동할 때 발생하는 차량 관련 비용이나 출퇴근 시 발생되는 비용은 모두 부가세법상 '비영업용'이라고 보면 됩니다(부가세법상 '영업용'에 규정되어 있지 않기 때문).

부가세법에서 말하는 '소형승용차'란 개별소비세가 부과되는 차량으로 정원 8인 이하의 승용차나 이륜자동차, 캠핑용 승용차 등이 있습니다. 즉, 소형승용차가 아닌 스타렉스나 카니발 등 9인승 이상의 승합차나 화물차는 부가세 신고 시 관련 비용이 비용 처리될 수 있습니다. 개별소비세가 면제되는 레이, 스파크, 모닝 등 경차의 경우에도 마찬가지입니다. 우리가 일반적으로 생각하는 승용차의 대부분은 개별소비세가 부과되고 소형승용차에 해당되므로 부가세 신고 시 비용 공제가 어렵습니다.

② 종합소득세 · 법인세 신고 시, 차량 관련 비용 처리는?

부가세 신고 시 비용 처리되는 차량 관련 비용은 당연히 종합소득세 및 법인세 신고 시에도 부가세를 제외한 공급가액에 대해 비용 처리되고 한도도 적용되지 않습니다. 즉, 운수업, 자동차 판매업, 운전학원업 등을 영위하거나 9인승 이상의 승합차, 화물차, 경차 등을 소유하고 있는 사업주의 경우 차량 관련 보험료, 주유비, 주차비, 리스 · 렌트료, 감가상각비 등의 경우 한도 적용 없이 전액 비용 처리 가능합니다.

단, 부가세 신고 시 부가세가 공제되지 않는 차량의 관련 비용의 경우 종합소득세나 법인세 신고 시에는 비용 처리가 가능합니다. 실

제로 영업을 통해 수익을 창출하는 사업(보험사, 딜러사 등)의 경우 차량 관련 비용이 모두 부인되면 지출된 비용은 많은데 비용 처리가 되지 않아 세금만 내는 결과가 발생할 수 있습니다. 따라서 일반 승용차를 업무와 관련해서 사용하면, 관련 비용은 소득세 혹은 법인세 신고 시 비용 처리할 수 있지만 일정 요건을 충족해야 하고 한도의 적용을 받습니다.

한도는 차량 구매의 경우 5년으로 나누어 계산한 감가상각비에 대해 기준 금액인 800만 원과 비교하여, 800만 원 이내의 금액만 비용이 인정되고 800만 원 초과 금액에 대해서 비용이 1차적으로 부인됩니다. 2차로 감가상각비와 유류비, 주차비, 수리비 등을 포함한 금액은 운행 일지를 기록하지 않은 경우 1,000만 원까지 비용 처리가 가능합니다. 운행 일지를 기록했다면 1,000만 원 이상의 금액을 비용 처리할 수 있습니다.

또한 일정 요건이란, 법인사업자의 경우 반드시 임직원 전용 자동차보험에 가입해야 합니다. 만약 타인이 운행해도 보험이 가능한 자동차보험에 가입하면 아예 업무용으로 보지 않습니다. 개인사업자는 사업주 명의로 자동차보험을 가입하면 되는데, 이때 출퇴근을 포함한 회사 업무에 해당하는 운행 활동을 차량운행 기록부에 작성해서 업무사용 내역을 기록하도록 개정되었습니다. 만약 차량 관련 비용이 1대당 1,000만 원 이내인 경우에는 차량운행 기록부 작성 여부에 상관없이 100% 업무용으로 간주하고 비용 처리가 될 수 있습니다.

즉, 1년에 차량 관련 비용은 대당 1,000만 원 정도 비용 처리가 가능하다고 생각하고 이를 초과하는 경우에는 반드시 차량운행 기록부를 작성하여 기록을 남겨두어야 합니다. 요즘은 '카택스' 등을 통해서 기록을 알아서 해주는 어플도 출시되어 있으니 참고하세요.

구입, 리스, 렌트 중 어떤 게 유리할까?

이때 드는 의문 중 하나가 "차량 구입, 리스, 렌트 중 어떤 방법이 유리할까요?"라는 것입니다. 리스료와 렌트료만 경비 처리가 되고 일시불이나 할부로 구입한 차량가액은 비용 처리가 안 된다고 잘못 생각하는 경우가 있는데, 차량 구입 시에는 구입 가격을 5년에 나누어 '감가상각비'라는 명목으로 비용 처리가 가능합니다.

리스의 경우에는 연간 리스료의 7%를 차감한 금액을, 그리고 렌트의 경우에는 렌트료의 70%를 감가상각비 상당액으로 보고 이 금액과 연간 800만 원을 비교하여 한도를 1차 계산합니다. 그리고 삼가상각비 상당액에 기타 비용(주차비, 수선비, 유류대 등)을 더해 운행일지를 기록하지 않은 경우 한도 1,000만 원의 비용과 비교합니다. 즉, 리스, 렌트, 직접 구입 세 가지 방법 중 어느 방법이 무조건 유리하도록 세법상 한도가 정해져 있는 것이 아닙니다.

따라서 본인의 자금 여력에 따라 방법을 선택하면 되는데, 장기 렌트나 리스의 경우 이자라는 금융 비용이 발생하므로 일시불 구입보다 총 부담금이 높을 수밖에 없으므로 자금 여력이 있다면 구매를 하고 자금 여력이 없을 경우 리스나 렌트를 하면 됩니다.

앞선 사례의 게스트하우스 대표님은 저희의 조언을 듣고, 스타렉스 9인승 차량을 매달 88만 원에 렌트하여 연간 96만 원(=8만 원×12)의 부가세를 환급받고 80만 원×12×15%(대표님 세금신고 한계세율)=144만 원의 종합소득세 절세 효과를 누리고 있습니다. 현명한 차량 선택만으로도 당신의 세금을 연간 240만 원씩 절세할 수 있습니다.

05

억대 연봉을 받는
유튜버의 절세법

'번 돈'보다 '쓴 돈'이 적은 유튜버의 경우

유명 유튜브 크리에이터들의 억대 연봉이 한참 화제가 되었습니다. 그만큼 이제는 많은 사람들이 궁금한 것이 있으면 블로그나 포털 등을 통해서 글을 검색하기보다는 동영상으로 찾아보는 시대가 온 것 같습니다. 1인 방송이 활성화되면서 억대 유튜버들도 많이 증가하였고, 저 또한 유튜브 크리에이터로서 활동을 하고 있다보니 많은 유튜버들의 세금 관련 고민을 듣고 있습니다.

한 게임 유튜버는 재작년까지는 1.5억 원 정도 매출이 발생했는데 작년에 연봉이 4억 원으로 급격히 상승하였습니다. 하지만 유튜버들의 특성상 따로 사업장을 임차하기보다는 집에서 사업자 등록을 내고 방송을 하는 경우가 많고, 특히 이분은 게임 유튜버여서 하루 종일 게임을 하기 때문에 컴퓨터 구입비용 외에는 업무상 비용 지출이 거의 없었습니다.

때문에 연봉이 4억 원이지만 비용 지출액이 연간 2,000만 원도 안되는 상황이었습니다. 재무제표로 장부를 결산한 결과, 당기순이익이 3.8억 원이나 되어, '추계 신고'라는 방법을 통하여 종합소득세 신고를 할 수밖에 없었습니다. 그렇다면 추계 신고란 무엇이고, 추계 신고와 대비되는 장부 기장 신고는 무엇인지에 대해서 알아보겠습니다.

종합소득세 신고 안내문을 받아보면 다음과 같이 나와 있습니다.

종합소득세 신고 안내 정보 예시

※신고안내유형 및 기장의무 안내

성명	홍길동	생년월일	
안내유형	B유형	ARS 개별인증번호	
기장의무	복식부기의무자	추계 시 적용경비율	기준경비율

※사업장별 수입금액

사업자등록번호	상호	업종코드	수입금액	기준경비율		단순경비율	
				일반율	자가율	일반율 (기본율)	자가율 (초과율)
0000000000	(주)세금지우개	000000		23.0%	23.4%	58.2%	57.9%

안내문의 '기장의무'와 '추계 시 적용경비율' 칸을 보면 이 회사의 경우 복식부기의무자이고 기준경비율 대상자에 해당되는 유형입니다. 안내문을 받아보면 우리 사업장의 기장 의무 유형과 추계 시 적용경비율을 알 수 있는데, 보통 이에 대해 잘 모르고 있는 경우가 많습니다. 사업주들로부터 가장 많은 질문을 받는 부분이기도 하니, 이 부분에 대해서 설명해보겠습니다.

기장 의무의 종류에는 '간편장부대상자'와 '복식부기의무자'가 있습니다. 그리고 추계 시 적용경비율에는 '단순경비율'과 '기준경비율'이 있습니다. 여기서 '추계'란, 별도로 기장을 하지 않고 세법상 정해진 산식에 따라 종합소득세를 계산하는 방법입니다.

단순경비율 대상자 기준

업종별	계속사업자 (직전연도 기준)	신규사업자 (해당연도 기준)
농·임업 및 어업, 광업, 도매 및 소매업(상품중개업 제외), 부동산 매매업, 그 밖에 아래에 해당하지 아니하는 사업	6,000만 원 미만	3억 원 미만
제조업, 숙박 및 음식점업, 전기·가스·증기 및 수도사업, 하수·폐기물 처리·원료재생 및 환경복원업, 건설업(비주거용 건물 건설업은 제외, 주거용 건물 개발 및 공급업을 포함), 운수업, 출판·영상·방송통신 및 정보서비스업, 금융 및 보험업, 상품중개업	3,600만 원 미만	1억 5,000만 원 미만
부동산 임대업, 부동산 관련 서비스업, 임대업(부동산임대업을 제외), 전문·과학 및 기술서비스업, 사업시설관리 및 사업지원서비스업, 교육서비스업, 보건업 및 사회복지서비스업, 예술·스포츠 및 여가 관련 서비스업, 협회 및 단체, 수리 및 기타 개인서비스업, 가구 내 고용활동	2,400만 원	7,500만 원 미만

즉, 종합소득세 신고를 할 때는 먼저 기장을 할 건지 말 건지를 정하고, 기장을 안 하는 추계 방법을 선택하는 경우에는 단순경비율이나 기준경비율 중 선택을 해야 합니다. 단순경비율과 기준경비율을 나누는 기준은 매출액입니다. 매출액이 176쪽의 표의 기준 금액 미만인 경우에는 단순경비율 대상자이고, 반대로 매출액이 기준 이상인 경우에는 기준경비율 대상자입니다.

단순경비율과 기준경비율 각각의 산식은 아래와 같습니다.

일반적으로 단순경비율의 경우 세금이 적게 나오지만 기준경비율 대상자의 경우 비율이 낮아 세금이 많이 나옵니다. 또한 장부를 기장하지 않고 세법 산식에 따라 '추계'를 하는 경우에는 단순경비율이든 기준경비율이든 상관없이 소규모 사업자를 제외하고는 세액의 20%가 가산세로 발생하므로 세금이 많이 나오게 됩니다.

소규모 사업자란, 신규 사업 개시자 및 직전연도 매출액이 4,800만 원에 미달하는 자, 연말정산 되는 사업소득만 있는 자(보험모집인, 방문

𝒫 단순경비율
- 소득 금액 = 수입 금액 − (수입 금액 × 단순경비율)

𝒫 기준경비율 − 다음 중 적은 금액
- 소득 금액 = 수입 금액 − 주요경비 − (수입 금액 × 기준경비율)
- 소득 금액 = 수입 금액 − (소득 금액 × 단순경비율) × 배율*
  * (간편장부: 2.6, 복식부기: 3.2)

판매인 등)를 일컫습니다.

단, 변호사, 공인회계사, 세무사, 변리사, 의사, 약사 등의 전문직 사업자는 단순경비율을 적용할 수 없습니다. 또한 기준경비율 적용 대상자는 단순경비율을 적용할 수 없지만 단순경비율 적용 대상자는 기준경비율이 유리할 경우 기준경비율과 단순경비율 중 선택이 가능합니다.

간편장부? 복식부기 장부?

기준경비율 대상자들이 추계로 할 경우 세금이 많이 나오게 됩니다. 단순경비율 대상자라 하더라도 추계로 신고하는 경우 실제로는 결손인 경우임에도 불구하고 세금을 내야 하는 경우가 발생합니다.

이러한 경우에는 장부를 기장해야겠다고 마음먹게 되는데 장부를 기장하는 방법에는 '간편장부'와 '복식부기 장부'라는 두 가지 방법이 있습니다. 간편장부는 보통 일반적으로 사용하는 가계부처럼 매출액과 발생한 각종 비용을 적어 내려가는 기장 방법이고, 복식장부는 복식부기 원리에 따라 장부를 만드는 방법입니다.

복식부기 원리에 따라 기장을 하는 경우에는 기장의 결과로 재무제표가 산출됩니다.

그렇다면 두 가지 방법 중에 아무 방법이나 선택할 수 있는 걸까요? 만약 그렇게 된다면 모두가 간편장부의 방법으로 편하게 기장을 하려 할 것이고, 기업의 자산과 부채, 손익이 부정확하게 산출될 수 있어 과세권에 문제가 발생할 수 있습니다. 따라서 세법상 일정 매출액 이상인 경우에는 복식부기 장부로 기장을 하고, 매출액이 일정금액 미만인 경우에는 영세한 사업자로 보아 예외적으로 간편장부를 허용하고 있습니다. 매출액 기준은 아래 표와 같습니다.

마찬가지로 의료업, 수의업, 약국, 변호사, 공인회계사, 세무사 등 전문직 사업자는 매출액과 상관없이 복식부기의무자에 해당됩니다.

만약 복식부기의무자가 간편장부로 소득세 신고를 하였을 경우에는 어떻게 될까요? 마찬가지로 당연히 가산세가 부과됩니다. 따라서 사업주들은 본인이 어떤 유형에 속해 있는지 확인하고, 종합소득세 신고를 대비해야 가산세를 물지 않습니다.

간편장부를 허용하는 사업자

1. 신규 사업자
2. 기존 사업자

업종 구분	직전연도 수입금액 기준
가. 농업, 임업, 어업, 광업, 도매업, 소매업, 부동산 매매업, 그 밖에 '나' 및 '다'에 해당하지 않은 사업	3억 원 미만
나. 제조업, 숙박·음식점, 전기·가스·증기·수도사업, 하수·폐기물처리·원료재생 및 환경복원업, 건설업, 운수업, 출판·영상, 방송통신 및 정보서비스업, 금융·보험업	1억 5,000만 원 미만
다. 부동산임대업, 전문·과학·기술서비스업, 사업시설관리·사업지원서비스업, 교육서비스업, 보건 및 사회복지사업, 예술·스포츠·여가 관련 서비스업, 협회 및 단체, 수리 및 기타 개인서비스업, 가구내 고용활동	7,500만 원 미만

간편장부 예시

정리하자면, 종합소득세 신고를 할 때 장부를 기장하지 않는다면 '추계 신고'라고 하여 단순경비율이나 기준경비율 법에 따라 신고해야 합니다. 장부 기장을 하는 경우에는 간편장부 혹은 복식부기 장부 방법을 선택하게 됩니다. 보통은 장부를 기장해서 세액의 20%의 가산세를 내지 않는 것이 더 유리한 경우가 많은데, 경우에 따라서는 앞선 사례의 유튜버처럼 비용이 지극히 적은 경우에는 오히려 추계

신고를 선택하여 가산세를 내고 기준경비율법에 의하여 비용을 인정받는 것이 유리할 수 있습니다.

따라서 현명한 절세를 위해서는 나의 상황에 맞는 세법 기준을 제대로 파악해보아야 합니다.

06

대박 난 쇼핑몰 사장님이
법인 전환을
고려한 까닭은?

매출 규모가 갑자기 늘어난 쇼핑몰의 선택

저는 예전에 여성의류 쇼핑몰을 운영한 경험이 있는 덕분에 많은 쇼핑몰 사장님들과 파트너십을 맺고 있습니다. 그분들과 함께하면서 세무 관리가 잘되어 업체 매출이 상승하고, 사업이 승승장구하여 소위 '대박'이 터지면 제 일처럼 기쁘고 보람을 느끼곤 합니다.

여성의류 쇼핑몰을 운영하던 C 대표님은 어느 날, 인스타그램에서 스타가 되면서 매출이 급상승하였습니다. 2017년 당시 9월 기준 매출액이 16억 원 정도였고, 점점 매출액이 성실신고확인대상 사업자 기준 금액인 20억 원에 가까워지고 있었습니다. 원래 해당 쇼핑몰은

그즈음 법인 전환을 계획하고 있었지만, 매출이 빠르게 상승하고 있었기 때문에 그 시기를 앞당겨, 10월 기준으로 개인사업자에서 법인사업자로 전환하기로 하였습니다. 덕분에 C 대표님은 성실신고확인제도의 적용을 받지 않으면서 세금도 줄어드는 일석이조의 효과를 거둘 수 있었습니다.

성실신고확인대상 사업자란?

'성실신고'라는 문구만 보면 "성실하게 신고했다고 칭찬해주는 제도인가요?"라고 오해하는 분들이 종종 있습니다. 하지만, 성실신고

확인대상 사업자는 성실하다고 칭찬해주는 제도가 아니라 매출액이 일정 금액 이상인 고소득 개인사업자들이 성실히 종합소득세를 신고할 수 있도록 유도하는 제도입니다. 성실신고확인대상자가 되면 5월에 종합소득세 신고를 하는 일반사업자와 달리 6월에 별도로 종합소득세를 신고해야 합니다. 법인사업자의 경우에는 기본적으로 성실신고확인대상 사업자에서 제외됩니다.

아래 표를 살펴보면, 매출액이 다음 금액 이상인 경우에는 성실신고확인대상 사업자로서 세무대리인이 '성실신고확인서'라는 별도의 서식을 제출해야 합니다. 이때 매출 누락이나 가공 경비, 친인척 간의 가공 거래 등을 확인하게 됩니다. 이렇게 확인하는 이유는 매출이 높으면 세금을 줄이기 위해서 순이익을 줄이고자 하는 유인이 존재하므로 사업주와 담당 세무대리인이 함께 확인하도록 하는 것입니다. 사실과 다르게 신고하는 경우에는 사업주는 세무조사 등을 받고 담당 세무대리인은 징계를 받을 수 있습니다.

그리고 2018년부터 성실신고확인대상자 기준 금액이 낮아졌습니다. 또한, 2018년부터 성실신고확인대상인 개인사업자가 법인 전환

성실신고확인대상 사업자 기준

구분	농업·도소매업 등	제조·건설업 등	서비스업 등
2018~2019년	15억 원 이상	7억 5,000만 원 이상	5억 원 이상
2020년 이후	10억 원 이상	5억 원 이상	3.5억 원 이상

을 하게 되면 해당 법인은 3년간 성실신고확인대상 사업자로서 세무대리인의 확인을 받도록 변경되었습니다. 이로 인해 성실신고확인제도를 피하기 위한 수단으로 법인 전환을 하던 분들은 아쉽게도 법인사업자임에도 계속해서 3년간 의무적으로 성실신고확인제도의 적용을 받아야 합니다.

성실신고확인제도를 적용받게 되면 일반 개인사업자와 달리 법인처럼 장부를 기장해야 하고 세무대리인 수수료도 높아집니다. 하지만 법인사업자가 개인사업자보다 세율이 낮으므로 상황에 따라 법인으로 전환하는 것이 유리할 수도 있습니다. 그렇다고 무조건 법인 전환을 하는 것이 유리하지 않을 수 있으니, 성실신고확인대상자가 되어 법인 전환을 고려하고 있다면 그 전에 반드시 전문가와 상담하는 것을 추천합니다.

07

제조업 사장님,
공동사업으로 세금을 절반으로

동업 관계일 때 사업자 등록은?

D 사장님은 대기업으로부터 가죽을 받아서 구두를 만드는 임가
공업을 영위하던 분이었습니다. 어느 날 세무조사를 받다가 너무나
답답한 마음에 저를 찾아오셨습니다.

이분은 친구와 오랫동안 동업 관계로 구두공장을 운영해오다 최근
1억 원에 가까운 세금이 부과 고지된 것입니다. 사장님의 손에는 그
간의 노고를 대신 말하는 듯 굳은살이 단단히 박여 있었습니다. 그렇
게 매일같이 열심히 일하여 매출액이 작년에 조금 늘었는데 세금이
너무 많이 나와 놀란 마음에 가공 비용을 넣었다가 비용이 부인되어

세무서로부터 1억 원에 달하는 고지서를 받게 된 것이었습니다.

　사업자등록증을 살펴보니, 두 분은 오랫동안 동업 관계였음에도 불구하고 단독사업자로 되어 있는 사업자를 10년 동안 바꾸지 않고 있었던 것입니다. 이 경우에는 실제 5:5 동업 관계였으므로 단독사업자가 아닌 공동사업자로 사업자 전환을 했더라면 가공 비용을 넣을 필요도 없었고 세금도 많이 낼 필요가 없었을 것입니다. 안타까운 일이지만 결국 D 사장님은 1억 원에 달하는 세금과 가산세를 부담할 수밖에 없었습니다.

공동사업자로 등록하는 방법

동업을 하는 분들은 세법상 '공동사업자'라는 표현을 씁니다. 동업을 하는 경우 법인사업자라면 자본금이 있고 투자한 금액을 주식이라는 형태로 나누면 되지만, 개인사업자의 경우 사업자 등록 시점부터 세무서에 별도로 동업계약서 제출하여 동업을 한다는 사실을 알려야 합니다.

또한 공동사업자 중 대표자를 선정해야 하는데 사업자등록증 상에는 '대표공동사업자 홍길동 외 1인', 이런 식으로 표기가 됩니다. 또한 세무서에 제출한 지분 비율에 따라 소득이 배분되어 세금이 산출됩니다.

구체적으로 나누어 보면, 부가가치세 신고와 직원에 대한 인건비 신고, 4대보험 업무 등의 경우에는 공동사업장을 기준으로 신고 및 납부가 이루어져야 합니다. 하지만 종합소득세 경우에는 다릅니다. 종합소득세의 경우 사업장 단위로 손익을 계산하되 세무서에서 사업자 등록 시점에 제출한 지분 비율에 따라 공동사업자별로 각각 배분되어 세금을 신고하게 되어 있습니다.

예를 들어, A라는 공동사업장에 갑과 을의 공동사업자가 있고 지분 비율이 각각 60%, 40%라고 가정해보겠습니다. 그러면 A라는 사업장에서 2018년도에 발생한 매출액이 1,000원이고 순이익이 200원이라고 하면 갑은 200원×60%인 120원에 대해서 세금 신고를 하고,

단독사업장과 공동사업장의 종합소득세 비교

구분	단독사업장	공동사업장		
	갑과 을	갑	을	합계
과세표준	295,000,000	147,500,000	147,500,000	295,000,000
종합소득세	92,700,000	36,725,000	36,725,000	73,450,000

을은 200원×40%인 80원에 대해 세금 신고를 하는 셈입니다.

이때 주의할 점은, 신용카드 사용액을 비용 처리할 때 공동사업자의 경우에는 대표 공동사업자 카드만 사업용 신용카드로 등록되므로, 되도록 공동사업자 중 사업과 관련하여 지출하는 비용은 대표 공동사업자의 신용카드나 체크카드를 국세청에 등록한 후 활용해야 합니다.

공동사업장은 단독사업장에 비해 세금 측면에서 유리하므로 가족과 함께 공동사업장으로 운영하여 종합소득세를 줄이는 경우가 많습니다. 하지만 이때 주의해야 할 점은 허위로 친인척을 공동사업 구성원으로 내세우고 손익분배 비율을 거짓으로 나눠 탈세를 한 경우에는, 주된 공동사업자에게 합산과세하고 구성원에게 연대납세 의무를 부과하게 됩니다. 실제 함께 사업장을 운영한다면 문제가 없지만 그렇지 않을 경우에는 문제가 될 수 있음을 명심해야 합니다.

08

미용인 부부,
가족 간에도 급여를 줄 수 있나요?

가족 간 급여도 비용 처리 가능하다

저희 디자인택스의 가장 오래된 고객 중 미용인 부부가 계십니다. 해당 미용실은 남편이 대표자로 되어 있고, 아내도 미용인 자격증을 가지고 있어 두 사람이 함께 출근하며 사업장에서 발생하는 모든 업무를 같이하고 있습니다. 그러면서 대표자인 남편이 아내에게 매달 200만 원의 급여를 지급하고 있는데, 이것이 비용 처리가 될 수 있는지 문의해온 적이 있습니다. 가족들 간에도 급여를 주는 것이 세법상 인정될까요? 네, 당연히 됩니다.

간혹, 사업장에서 근무하지도 않은 가족을 비용 처리하기 위하여 가공으로 근무한다고 간주하고 급여 처리를 하는 경우가 있습니다. 이 경우에는 타소득(근로소득, 사업소득)이 있거나 세무조사 등이 나오면 문제가 되지만, 실제 함께 사업장에서 근무를 하고 급여를 수령하는 경우에는 당연히 비용 처리를 할 수 있습니다.

그렇다면 가족에게 주는 급여 수준은 어느 정도가 적정한 것일까요? 세금은 사람을 나누고 기간을 분산할수록 줄어드는 특징이 있습니다. 따라서 매출액이 높고 소득이 높은 경우, 가족이 받아가는 급여가 높아질수록 세금이 줄어듭니다. 하지만 세금을 줄이기 위하여 가족들의 급여를 마냥 높였다가는 세무서에서 가공 인건비로 보아 부인될 수 있으므로 업계 평균 급여로 지급하는 것이 적절합니다.

배우자에게 매달 200만 원씩 급여 처리를 할 경우 세금 절세 효과를 살펴보면 192쪽과 같습니다. 배우자의 세금 및 4대보험료 부담액을 모두 합산해 비교하면, 배우자에게 매달 200만 원씩 급여 처리했을 시 대표자 세금에 배우자의 세금 및 4대보험료를 더해서 약 180만 원가량 감소하는 것을 알 수 있습니다.

배우자의 급여를 비용 처리했을 때와 안 했을 때 비교

*급여를 월 200만 원, 연 2400만 원이라 가정했을 경우

구분	배우자 급여 비용 처리 X	배우자 급여 비용 처리 O
과세표준	90,000,000	66,000,000
산출세액	16,600,000	① 10,620,000
배우자 세금		② 435,375
4대보험료 소계		③ 3,768,000
총부담액	16,600,000	14,823,375 (①+②+③)

절세 효과 1,776,625

배우자 세금 계산

총급여	24,000,000
근로소득공제	8,850,000
근로소득금액	15,150,000
기본공제	1,500,000
과세표준	13,650,000
산출세액	967,500
근로소득 세액공제	532,125
결정세액	435,375

09

IT 스타트업 대표님,
벤처기업 인증받고
5년 동안 세금이 절반으로

독자적 기술 있다면

벤처기업 인증 제도를 알아보세요

　E 대표님은 기존의 인터넷 홈페이지 제작 방식과 다른 방식을 개발하여 대기업에 공급하는 IT 스타트업을 운영하는 분입니다. 이분은 대학원을 졸업하자마자 본인이 개발한 독자적인 기술력을 바탕으로 사업을 영위하고 있었는데, 초기 연구비 등으로 지출하는 비용이 많다보니 자금 사정에 어려움을 겪고 있었습니다. 이런 유형의 업종은 세금도 줄이고 자금 대출도 한꺼번에 해결할 수 있는 좋은 제도가 있습니다. 그것은 바로 벤처기업 인증 제도입니다.

일반적으로 벤처기업이 되려면 중소기업자로서 벤처캐피탈의 투자를 받아야 하는데 그것이 쉬운 일이 아닙니다. 그런데 기술보증기금의 보증 또는 중소기업진흥공단의 자금 대출을 받으면 그 보증액 또는 대출금이 8,000만 원 이상이고, 그 금액이 기업의 자산에서 차지하는 비율이 5% 이상일 경우 벤처기업 인증과 대출 문제를 함께 해결할 수 있습니다.

이렇게 기술력이 우수한 기업들은 사업장 소재지 기술보증기금이나 중소기업진흥공단 담당자와의 상담을 통해 이러한 정책적 지원을 적극 활용하면 좋습니다. 이와 관련된 내용은 '벤처인' 사이트 (www.venturein.or.kr)에 자세히 소개되어 있습니다.

벤처기업 인증 대상, 파격적인 세금 혜택

그렇다면 벤처기업 인증과 세금은 어떤 연관이 있을까요?

창업 후 3년 내에 벤처기업으로 확인된 사업자에게는 무려 5년간 사업소득세 또는 법인세를 50%나 감면받을 수 있도록 지원하고 있습니다. 사업을 개시하고 5년이라는 시간은 사업이 자리 잡는 데 정말 중요한 기간입니다. 이때 세금을 절반이나 줄여주는 이러한 혜택을 받는다면 사업체를 성공적으로 안정화하는 데 자금적인 측면에서 큰 도움을 받을 수 있을 것입니다.

또한 이렇게 벤처기업 인증을 받으며 대출받은 금액은 사업과 관

련이 있으므로 이자 비용에 대한 비용 처리도 가능합니다. 이때 대출 관련 이자 비용이 반드시 비용 처리된다고 생각하는 경우가 있는데 이는 잘못된 생각입니다.

법인사업자는 원칙적으로 가지급금이 있는 경우를 제외하고 이자 비용을 비용 처리할 수 있습니다. 개인사업자는 개인사업의 사업용 자산이 부채를 초과하는 경우에만 이자 비용을 비용으로 인정해줍니다. 따라서 부채가 사업용 자산보다 많을 경우에는 초과하는 만큼 사업에 사용하지 않고 대표자 개인적인 용도로 사용한 것으로 보아 비용에서 부인됩니다.

보통 개인사업자는 기장을 하지 않는 경우도 많고, 사업용 자산이 있다고 하더라도 세무 지식이 부족하기 때문에 세법상 적격증빙(세금계산서, 계산서, 신용카드 영수증, 현금영수증)을 수취해야 자산으로 처리된다는 사실을 모르는 경우가 대부분입니다. 때문에 개인사업자의 재무 상태에서 사업용 자산은 거의 없는 경우가 대부분이고 임대보증금 정도만 사업용 자산으로 남아 있는 경우가 많습니다.

특히 거래 상대방이 할인을 해준다고 하면서 세법상 적격증빙의 발급을 거부하면 할인을 받은 것으로 알고 흐뭇해하곤 하는데, 이렇게 되면 사업으로 지출한 돈을 자산으로 처리할 수 없습니다.

이후 사업 관련 대출 이자 비용이 발생하는 경우에 실제로 사업과 관련해서 자산을 취득했지만 처리가 되지 않아 이자 비용이 부인되고 할인받은 금액보다 세금이 더 많이 나오는 경우가 대부분입니다.

예를 들어, 카페를 창업하려고 1억 원을 4% 이자율로 은행으로부터 빌려 권리금을 5,000만 원 내고, 인테리어 비용으로 5,000만 원 발생했다고 해볼까요? 이때 아무런 조치도 취하지 않은 경우에는 매년 400만 원의 이자 비용이 지출됨에도 불구하고 사업상 자산이 없으므로 이자 비용 400만 원은 전액 비용에서 부인됩니다.

따라서 벤처기업 인증을 받은 이후 세법상 이자 비용 처리를 잘 받기 위해서는 자산 관리도 중요하므로 세무 전문가와 상담하고 제대로 관리하는 것이 중요합니다.

10

컨설팅 업체 대표님,
신용카드 미등록으로
국세청의 경고장 받다

왜 국세청은 경고 안내문을 보냈을까?

K 대표님은 연평균 매출액이 5억 원 정도의 컨설팅 업체를 운영 중이었습니다. 어느 날 제가 운영하는 유튜브를 보고 세금 관련 의뢰를 해오셨습니다.

종합소득세 신고기간에 '적격증빙 과소수취'라는 항목으로 사전 성실신고 안내문을 받았기 때문입니다. 그래서 원인을 찾아보니, 사업용 신용카드를 국세청에 등록하지 않은 것이 문제의 발단인 것을 알게 됐습니다.

K 대표님은 은행에서 사업자번호로 발급되는 사업자용 카드만 발

급하면 알아서 세금 처리가 되는 것으로 오인하고 있었습니다. 하지만 국세청에 사업용 신용카드 등록을 해두지 않았기 때문에, 사업자용 카드로 아무리 회사 비품을 구입해도 국세청에 신용카드 사용액 내역이 전송되지 않은 것입니다.

그러다가 작년 종합소득세 신고 시 비용이 부족하다 보니, 등록되지 않은 사업용 카드의 사용 비용을 반영하였고, 국세청에서는 적격증빙을 사용하지 않았다고 보아 다음해에 경고장을 내보낸 것입니다.

사업자용 카드 비용 처리 절차 밟았는지 확인해야

또한 K 대표님처럼 일반적인 사업자용 신용카드나 체크카드를 발급받아 사용하면, 자동으로 국세청이 부가세 환급을 처리한다고 알고 있는 경우가 많습니다. 하지만 이는 잘못된 생각입니다.

은행이나 카드사에서 사업자용 카드를 발급받은 뒤에는 반드시 국세청에 사업용 신용카드로 카드 등록을 해두어야 합니다. 그리고

부가세를 신고할 때 사업주들이 직접 사용 내역을 신고서에 반영하여야만 부가세 신고 시 환급 효과가 발생합니다.

즉, 부가세 신고 시 부가세 공제대상이 되는 항목으로 신고서에 반영을 해줘야만 부가세 비용 처리가 가능합니다. 부가세 신고 시 반영되었다면 부가세 신고서상 '(14) 그 밖의 공제 매입세액' 쪽에 비용이 반영되며, 신고서 뒷장의 '신용카드 매출전표 등 수령명세서 제출분'에 반영되니 혹여 빠진 부분이 없는지 체크해보세요.

부가가치세 신고서 예시

11

운수업 사장님,
초기 투자금이 더 많았다면
조기환급 신청하세요

사업 초기에 설비투자비가 많이 들어갔다면?

보통 개인사업자로 운수업을 영위하는 분들은 개업 초기에 대형 화물 차량을 직접 구입한 뒤에 영업을 시작해야 하는데, 개업 초기에는 거래처도 많지 않고 자금 사정이 여의치 않은 경우가 대부분입니다. J 사장님도 사업 초기에 장비 구입에 들어가는 비용이 높다 보니 기장료를 지불하기 어려울 정도로 생활이 빠듯하다며 하소연을 하셨습니다.

J 사장님의 개업일은 7월이었습니다. 첫 번째 부가세 신고기간이 7월 25일인데, 이때는 1월부터 6월까지 발생한 거래내역에 대한 신고

기간입니다. 그다음 부가세 신고는 다음 연도 1월 25일로, 7월부터 12월까지의 거래내역에 대해 신고하면 됩니다. 그래서 만약 운수업 대표님이 조금만 앞당겨 6월에 개업을 했더라면 얼마나 좋았을까 하는 안타까움이 들었습니다.

6월 개업과 7월 개업이라는 시점 차이는 세법상, 그리고 자금 순환 측면에서 아주 큰 차이를 만들어냅니다. 이 운수업 사장님의 장비 구입비가 8,000만 원 정도였는데, 8,000만 원의 10%인 800만 원 정도가 부가세로 지출된 것입니다. 만약 개업 전에 전문가와 상담을 했더라면 J 사장님은 사업 초기에 800만 원을 환급받아 자금 운용에 조금이나마 숨통이 트였을지 모릅니다.

J 사장님처럼 부가세 신고기간이 지나고 난 뒤 많은 투자비가 들어가 자금 운용이 어려울 땐 '조기환급 신청제도'를 활용해보세요. J 사장님은 조기환급 신청제도로 9월에 800만 원을 환급받아 자금 순환 문제를 해결할 수 있었습니다. 그렇다면 부가세 조기환급 신청이란 무엇일까요?

조기환급 신청이란?

부가세를 환급받는다는 것은 내가 냈던 부가세를 다시 돌려받는 것을 일컫습니다. 부가세는 단순하게 표현하면 (매출−매입)×10%입니다. 매출보다 매입이 많아지면 부가세 환급액을 받을 수 있게 됩니다. 운수업 사장님처럼 주로 사업 초기에 설비투자, 사업 관련한 자산 구입 등에 많은 비용이 나가는 사업주들은 매출보다 매입액이 큰 구조가 됩니다.

그런데 J 사장님의 경우에는 원칙적으로는 매출이 발생하지 않는다면, 7월에 첫 장비 구입에 들어간 부가세 800만 원을 돌려받기 위해서는 다음 연도 1월 25일까지 기다렸다가 부가세를 신고해야 합니다. 그러면 한 달 정도 후인 2월 말 정도가 되어야 800만 원을 돌려받을 수 있으니 사업을 처음 시작하는 사업주 입장에서는 큰 부담이 될 수밖에 없겠죠.

이 경우 대규모 설비투자 비용이 발생한 7월의 다음 달인 8월 25일까지 부가가치세 조기환급 신청을 하면, 15일 이내에 환급받을 수 있습니다. 비용 지출 후 2개월 정도 이내에 부가세를 회수할 수 있기 때문에 중소 자영업자들의 자금 부담을 많이 완화할 수 있는 장

점이 있습니다. 또한 일반적으로 환급은 신고기한 경과 후 30일 이내 이루어지는 반면 이러한 조기환급 신청의 경우 15일 이내에 환급이 이루어진다는 이점도 있습니다.

조기환급 신청 시 주의할 점

다만 주의해야 할 점은 설비투자 등에 발생한 비용만 신고를 해서는 안 되고 일반 부가세 신고와 마찬가지로 해당 기간의 모든 매출과 매입을 정리해서 함께 신고해야 한다는 것입니다. 앞선 사례에서 보면 7월에 개업한 후 매출이 발생했다면 발생한 모든 매출·매입에 대한 부가세 신고를 함께 진행해야 조기환급 신청이 이루어집니다.

또한 조기환급 신청을 할 수 있는 사업자는 일반과세자이며, 간이과세자나 면세사업자는 조기환급 신청이 불가능합니다. 면세사업자는 부가가치세가 면세이기 때문에 부가세 신고를 하지 않기 때문이고, 간이과세자는 세법상 부가가치세 환급이 불가능한 사업자에 해당합니다.

더불어, 조기환급 신고는 신규사업자만 할 수 있는 것은 아닙니다. 기존에 사업을 하던 사업주들도 사업을 하다가 대규모로 인테리어를 바꾸거나 고가의 기계 장치를 구입하는 등의 경우에 조기환급 신청을 통하여 부가세를 조기에 환급받고 현금 흐름을 원활하게 할 수 있습니다.

국내 상품을 해외로 수출하는 수출업자도 부가세 조기환급제도를 유용하게 활용할 수 있습니다. 수출업을 할 때 세금 부담이 크면 수출경쟁력이 낮아지므로 '영의 세율(영세율, 0%)'이라는 혜택을 주는데, 이러한 수출업자들도 엄연히 부가세법상 사업자이므로 국내에서 매입한 금액에 대해서는 10%의 부기세를 부담하게 됩니다. 이러한 영세율의 적용을 받는 경우에, 나라에서는 부가세 조기환급제도를 활용하게 함으로써 자금 부담을 완화하는 방법을 통해 국내의 수출 사업을 지원하고 있습니다.

사업 초기에 혹은 사업을 하다가 자금 부담이 발생하는 경우, 이러한 부가세 조기환급제도를 활용하면 사업 운영에 조금이나마 도움이 될 것입니다.

12

일식집 사장님,
신용카드 수수료는 챙기셨나요?

신용카드 수수료 비용 처리 잊지 마세요

요즘 결제할 때 현금 쓰는 분들이 거의 없습니다. 세법상 개인사업자와 법인사업자의 신용카드 가맹점 가입이 사실상 의무화되었고, 소비자 입장에서는 사용이 간편하고 지출 내역이 신용카드사에 모두 보관되어 지출 관리가 용이하기 때문입니다.

소비자가 신용카드로 결제를 하면 신용카드사에서는 신용카드 수수료를 제외한 금액을 사업주의 통장으로 입금합니다. 하지만 영세 자영업자들에게는 이 수수료가 꽤 부담됩니다.

'신용카드 수수료가 얼마나 되겠어?'라고 생각할 수 있지만 매출액이 높고 신용카드 사용 비율이 높을수록 그 금액 규모는 어마어마합니다. 보통 사업장에서 카드 결제보다 현금 결제를 선호하는 것도 매출을 누락하기 위함이라기보다, 이 수수료 부담을 낮추기 위한 것도 있습니다.

P 사장님은 강남에서 매출액이 20억 넘는 일식집을 운영하였는데, 그분의 신용카드 수수료가 1년에 3,000만 원 정도 되었습니다. 그런데 그분은 10년간 가게를 운영하며 결산을 할 때, 이 신용카드 수수료를 비용으로 한 번도 반영하지 않았던 것입니다. 신용카드 수수료는 실제로 많은 사업주들이 비용 처리하는 것을 놓치는 경우가 많습니다. 이분은 세율 구간이 40%였는데, 3,000만 원의 비용 처리를 할 수 있었더라면 1,200만 원의 세금을 줄일 수 있었습니다.

신용카드 수수료를 확인하는 방법은 각 카드사에 요청하거나, 매출액과 입금내역을 대사하는 방법, 혹은 여신금융협회에서 확인하

신용카드 수수료 확인하기

⊕ 이렇게 하세요

여신금융협회 홈페이지(www.cardsales.or.kr) ⇒ 카드매출조회 ⇒ 매출장부 ⇒ 매출/입금조회

는 방법이 있습니다. 결코 적지 않은 금액이기 때문에 꼭 확인해서 비용 처리하고, 이후에도 빠짐없이 잘 처리되었는지 확인하는 습관이 중요합니다.

13

광고업 사장님,
노란우산공제와 개인형 IRP는
가입하셨나요?

사업자들의 퇴직금은 누가 챙겨 주나

1인 광고대행사를 운영하던 O 사장님은 개인 능력이 출중하여 매년 수주하는 금액이 늘어나더니 금세 억대 연봉자가 되었습니다. 이렇게 파트너인 사업주 분들이 점점 사업이 잘되고 수입이 늘어내면 세무대리인인 저 또한 제 일처럼 같이 기쁩니다.

하지만 연봉이 늘어날수록 대비해두어야 하는 부분이 바로 세금입니다. O 사장님은 '사업이라는 게 잘될 때도 있고 안 될 때도 있는데, 사업이 잘될 때는 세금으로 왕창 내고, 그렇다고 돈을 못 번다고 하여 세금을 환급해주는 것도 아니다'라며 토로하였습니다.

이렇게 중소 자영업자들은 사업이 폐업하거나 도산하는 경우에 근로자들처럼 실업 급여를 받을 수 있는 것도 아니고 정책적으로 퇴직금이 예비되어 있는 것도 아닙니다. 사업을 이끌어가는 것만도 빠듯하여, 노후 자금을 마련하는 것이 쉽지 않은 것 또한 현실입니다.

이러한 상황에서 나온 것이 '노란우산공제'와 '개인형 IRP 제도'입니다. 이 광고대행사 사장님도 노란우산공제와 개인형 IRP 가입을 통해 세금적인 측면에서 큰 혜택을 보았습니다.

'노란우산공제'와 '개인형 IRP'로 노후 자금 마련하세요

노란우산공제나 개인형 IRP 상품은 퇴직금을 쌓을 수 없는 개인 사업자들의 안정적인 노후 대비를 유도하기 위하여 정부에서 세금혜택을 주는 제도입니다. 사업자들은 항상 불확실한 미래에 대비해야

하고 갑자기 경영상의 어려움이 닥치는 경우도 발생할 수 있습니다. 일반적인 금융 상품은 해지할 때 수수료가 있지만, 노란우산공제는 폐업·대표자의 질병·부상·노령 등의 사유로 인한 해지 시 원금 손실 위험이 없습니다.

또한 노란우산공제는 납입액에 대하여 '소득공제' 혜택을 주고 있습니다.

노란우산공제의 소득공제

과세표준	소득공제 한도
4,000만 원 이하	500만 원 한도
4,000만 원 초과~1억 원 이하	300만 원 한도
1억 원 초과	200만 원 한도

* 사업소득 금액에서만 공제 가능(다만 법인의 대표자로서 당기 총급여 7,000만 원 이하인 경우 근로소득 금액에서도 공제 가능)

노란우산공제 가입 대상(업종별 소기업 기준)

업종	3년 평균 매출액
제조업(의료품·의약품 등 15가지), 전기·가스·수도사업	120억 원 이하
제조업(펄프, 종이제품 등 9가지), 광업, 건설업, 운수업, 농업, 임업, 어업, 금융, 보험업	80억 원 이하
출판·영상·정보 서비스, 도·소매업	50억 원 이하
천문·과학, 기술 서비스, 사업 서비스, 하수·폐기물 처리업, 예술·스포츠·여가 서비스, 부동산 임대업	30억 원 이하
보건·사회복지 서비스, 개인 서비스업·교육 서비스업, 숙박·음식점업	10억 원 이하

자료: 중소기업중앙회

노란우산공제 가입자 소득공제 한도 및 세율 비교

과세표준 (단위: 만 원)	최대 소득공제한도	세율 (%)	최대 절세 효과 (단위: 원)
1,200 이하	500만 원	6.6	330,000
1,200 초과~4,600 이하	500만 원~300만 원	16.5	825,000~495,000
4,600 초과~8,800 이하	300만 원	26.4	792,000
8,800 초과~1.5억 이하	300만 원~200만 원	38.5	1,155,000~770,000
1.5억 초과~3억 이하	200만 원	41.8	836,000
3억 초과 ~ 5억 이하	200만 원	44.0	880,000
5억 초과	200만 원	46.2	924,000

자료: 국세청

　개인형 IRP 상품의 경우, 납입을 하면 '소득공제'가 아닌 '세액공제'의 혜택이 있습니다. 일반 근로자의 경우 회사에서 퇴직금을 지급해주지만, 개인사업자들은 퇴직연금에 가입할 수 없어 체계적인 방법으로 퇴직금을 적립할 방법이 없었습니다. 이에 대해 2017년 이후 '개인형 IRP'라는 계좌 개설이 허용된 것입니다.

　개인형 IRP는 기존의 세액공제 혜택이 있던 연금저축 상품과는 다른 개념입니다. 기존 연금계좌 납입액에 대한 한도는 1년간 400만 원이지만, IRP 계좌에 납입한 금액에 대해서 추가적으로 한도 300만 원을 인정해주고 있어 최대 700만 원에 12~15%를 곱한 금액을 세액공제 혜택으로 받을 수 있습니다.

✏️ **연금계좌 세액공제 = 공제대상 연금계좌 납입액* × 12%**(15%**)

　*　공제대상 연금계좌 납입액 = MIN [①, ②]

　① 연금계좌 납입액 = 연금저축계좌 납입액 + 퇴직연금계좌 납입액(개인형 IRP)

　② 한도*** = a + b

　　a. 일반한도: 400만 원

　　b. 추기한도: min[퇴직연금계좌 납입액, 300만 원]

　**　해당 과세기간의 종합소득금액이 4,000만 원 이하(근로소득만 있는 경우에는 총급여 5,500만 원 이하)인 거주자에 대해서는 15%를 적용함

　***해당 과세기간의 종합소득액이 1억 원 초과(근로소득만 있는 경우에는 총급여액 1.2억 원 초과)인 거주자는 다음의 한도(a + b) 적용

　　a. 일반한도: 300만 원

　　b. 추가한도: MIN [퇴직연금계좌 납입액 400만 원)

개인형 퇴직연금(IRP) 및 연금저축 세액공제 예시

IRP	연금저축	세액공제 인정한도	절세 금액
700만 원	0	700만 원	
500만 원	200만 원	700만 원(IRP 500만 원 + 연금저축 200만 원)	115만 5,000원
200만 원	500만 원	600만 원(IRP 200만 원 + 연금저축 400만 원)	99만 원
0	700만 원	400만 원(연금저축 400만 원)	66만 원

* IRP 세액공제 연간 한도는 700만 원, 연금저축은 400만 원이 세액공제 한도임. 합계 한도는 700만 원. 절세 금액은 연봉 5,500만 원 이하(세액공제율 16.5%) 기준. 5,500만 원 초과 공제율은 13.2%임.

　정부는 국민연금, 노란우산공제제도, 개인형 IRP 세 가지 조합을 통해 개인사업주들이 노후를 대비할 수 있도록 유도하고 있습니다. 나의 노후 자금을 마련한다는 생각으로 노란우산공제 소득공제 제도와 퇴직연금 세액공제제도를 활용해보면 좋을 것 같습니다.

14

출판사 사장님,
지방에서 창업하고
세금 혜택 받으세요

I 사장님은 출판사 편집장으로 몇 년간 쌓은 경험을 바탕으로 출판사 창업을 준비하고 있었습니다. 그런데 고향인 대전으로 내려가서 창업을 할지, 서울에서 창업을 할지 고민 중이라고 하였습니다.

수도권 지역은 모든 업종이 과밀화되어 있고 경쟁이 치열하다보니 수도권에 거주하는 사업자라 하더라도 지방에서의 창업을 고민하는 분들이 있습니다. 비즈니스 측면에서 보면 각각의 장단점이 있겠지만, 세금 측면에서는 서울이 아닌 지방에서의 창업이 훨씬 유리하다고 말씀드리고 싶습니다.

수도권과 지방 간의 소득 격차가 많이 벌어지고 있어 정부에서는 지역 간 균형 발전을 위하여 지방에서 창업을 하는 사업자들에게 각종 혜택을 주고 있기 때문입니다. I 사장님은 대전에서 창업을 한 뒤 사업도 승승장구하여 매년 1억 원의 세금을 절세하고 있습니다.

기본적으로 수도권 과밀억제권역 외의 지역에서 창업한 중소기업 즉, 지방에서 창업을 하고 세법상 정하는 업종을 영위하는 중소기업 은 법인세 또는 소득세를 5년간 50% 감면해줍니다.

50~100% 세액 감면해주는 청년창업중소기업

20대에 사업을 준비하고 있는 젊은 사장님들이라면 '청년창업중소기업'에 대해 꼭 알아두세요. 청년창업중소기업은 '지방'에서 창업하고 요건을 충족하는 경우에 법인세 또는 소득세를 무려 5년간 100%를 감면해주는 엄청난 혜택을 주고 있습니다. 게다가 수도권 과밀억제권역일지라도 청년창업중소기업이라면 5년간 세금을 50%나 감면받습니다.

참고로 청년창업중소기업의 요건이 되려면 창업자의 나이가 창업 당시 15세 이상 29세 이하(군필자의 경우 만 35세 미만)여야 하며, 법인 으로 창업하는 경우에는 창업자 본인이 법인의 최대주주가 되어야 합니다.

다만 창업중소기업 세액감면 혜택을 받기 위해서는 세법상 정해 진 일정한 업종(더 자세한 내용은 277쪽 '조세특례제한법 제6조' 참고)을 영 위해야 합니다. 그리고, 합병·분할·현물출자 또는 사업의 양수를 통하여 종전의 사업을 승계하거나 종전의 사업에 사용되던 자산을 인수·매입해서 같은 종류의 사업을 영위하는 등 새로운 사업을 최초로 개시하는 것으로 보기 곤란한 경우에는 세액감면 혜택을 받을 수 없습니다. 사업의 일부를 분리하여 기존 기업의 임직원이 사업을 개시하는 경우, 개인사업자에서 법인으로 전환하여 법인을 설립하는 경우, 폐업 후 사업을 다시 개시해 폐업 전의 사업과 같은 종류의 사업을 하는 경우 및 사업을 확장하거나 다른 업종을 추가하는 경우 등도 마찬가지입니다(자세한 내용은 279쪽 참고).

창업을 계획하고 있는 분들이 이러한 세액감면 혜택을 통해 세금을 50~100% 감면받고 사업을 영위할 수 있다면 초기에 자리 잡는 데 들어가는 막대한 비용을 절약할 수 있으니 잘 알아보길 바랍니다.

15

청년 고용 늘리면
회사 돈 아낄 수 있다?

청년 고용 부담, 세액공제로 덜어내세요

이번 문재인 정부에서 가장 사활을 걸고 있는 것이 바로 일자리 창출입니다. 청년 실업 문제가 사회 전반의 심각한 문제로 부활되면서 일자리 창출 중에서도 특히 청년 일자리에 대한 정부의 관심이 높습니다. 그래서 정부는 청년 일자리를 창출하는 기업에게 각종 지원금과 세제 혜택을 받을 수 있도록 지원하고 있습니다.

일자리 창출과 관련한 세제 혜택을 살펴볼까요? 지금까지는 청년 고용을 증가시킨 경우 1인당 연간 300만 원에서 최대 1,100만 원까지 세액공제 혜택이 주어졌다면, 2019년부터는 세법 개정을 통해 '청

년친화기업'이라는 요건을 충족할 경우 1인당 수도권의 중소기업은 1,500만 원, 지방의 기업은 1,600만 원의 세액공제를 해주겠다는 것입니다.

그리고 그 혜택도 중소기업의 경우, 혜택을 받을 수 있는 기간을 기존 2년에서 3년으로 늘어났습니다. 청년 1명을 고용하는 경우 인건비가 최저임금 기준으로 약 2,000만 원 정도 연봉이 발생하는데 이 금액을 세액공제 혜택으로 돌려주겠다는 것입니다(자세한 내용은 280쪽 참조).

4대보험료도 공제받을 수 있어

인원 1명을 정규직으로 고용한다고 했을 때 사업주들이 함께 생각해야 하는 부분이 바로 4대보험료입니다. 중소기업을 대상으로 직원

급여와 함께 발생하는 4대보험료에 대한 세금 혜택을 받을 수 있는 제도도 있습니다. 바로 '중소기업 사회보험료 세액공제'입니다.

중소기업의 고용을 촉진시키고 사회보험료 가입 활성화를 지원하기 위하여 만든 제도로, 중소기업의 상시근로자 수가 작년에 비해서 증가한 경우, 청년은 고용증가 인원에 대한 사회보험료 전액을 세액공제받을 수 있습니다. 청년이 아닌 경우에는 50% 금액에 대한 세액공제 혜택을 주며 그 기간이 2년 동안 적용됩니다. 세법 개정안에 따르면 적용 기한이 2018년 말에서 2021년 말로 연장되었습니다.

이러한 다양한 제도적 지원을 잘 활용하여 사업주 입장에서는 훌륭한 인재를 고용하고 사회 전반적으로는 청년 실업 문제가 해결될 수 있었으면 하는 바람입니다.

중소기업 대상 조세 지원, 더욱 다양해졌다
…중소기업의 경쟁력 높이는 세금 혜택 확대돼

세법상 중소기업에 해당하는 경우 일반 기업에 비해서 다양한 조세감면 혜택이 있습니다. 하지만 세액감면이라는 혜택을 받기 위해서는 법에서 정한 요건을 충족해야 하고 사후관리 요건 등을 위반해서는 안 되므로 적용 시 주의해야 합니다.

세법상 중소기업은 조세특례제한법에서 규정하고 있는 중소기업 요건에 해당되어야 합니다. 첫 번째로 업종 요건을 충족해야 하는데 호텔업이나 여관업, 주점업, 그 밖에 오락 및 유흥 등을 목적으로 하는 소비성 서비스업에 해당되지 않아야 합니다. 두 번째로 매출액 규모가 [중소기업 기본법 시행령 별표 1]의 기준금액 이하여야 하고 상호출자제한 기업집단에 속해 있지 않아야 합니다(더 자세한 내용은

281쪽 참고).

　　중소기업들이 가장 많이 받고 있는 감면은 바로 '중소기업특별세액감면'입니다. 중소기업특별세액감면은 수도권 과밀억제권역이라 할지라도 감면을 받을 수 있으며, 조세특례제한법 제7조에 따른 감면 업종에 해당되는 경우 업종에 따라 10~30% 감면을 받을 수 있습니다. 수도권 내에 있는지 여부, 소기업인지 여부에 따라 감면 비율이 달라지므로 주의해야 합니다. 수도권은 서울, 인천광역시 경기도 전체가 포함됩니다. 소기업은 [중소기업기본법시행령 별표 3]에 따른 매출액 이하인 경우 분류됩니다(더 자세한 내용은 284쪽 참고). 감면율은 업종과 지역에 따라 다음과 같습니다.

조세특례제한법 제7조

(단위: %)

본점 + 사업장	업종	감면율	
		소기업	중기업
수도권	① 도매, 소매, 의료업	10	–
	② ❶, ❸ 제외 모든 감면 업종	20	–
	③ 지식기반산업	20	10
수도권 밖	④ 도매, 소매, 의료업	10	5
	⑤ ❶ 제외 모든 감면 업종 (❸ 포함)	30	15

일하기 좋은 일터 만들면 세제 혜택 커져

또한 2019년부터는 더욱더 일하기 좋은 일터를 만드는 중소기업에 다양한 세제 지원 혜택이 주어질 예정입니다. 정부가 발표한 2019년 세법 개정안 가운데 중소기업 대상 세제 지원 내용이 다수 있는데, 그중 '성과공유제 중소기업의 경영성과급 세제 지원' 제도를 신설한 것이 눈에 띕니다.

정부는 근로자의 임금 또는 복지 수준을 향상시키기 위하여 경영성과급, 성과보상기금공제사업, 사내근로복지기금, 직무발명보상제도 등 '성과공유제'를 도입한 기업에 세제 지원 혜택을 줄 방침입니다. 이는 중소기업의 성과공유 확산을 통해 기업문화를 혁신시키고, 우수한 인력이 중소기업에 머무르게 하여 중소기업의 성장을 돕는 선순환 구조를 만들기 위해 마련된 제도입니다.

또한 신성장기술 및 원천기술 투자 시 주어졌던 세액 공제가 더욱 확대될 예정입니다. 특히 신성장기술에는 최근 4차산업혁명 관련 신산업 동향을 반영하여 블록체인 기술, 양자컴퓨터 관련 기술 등이 추가될 예정입니다.

정부는 이와 같은 다양한 세제 지원을 통해 우수 인력 고용 유지, 신성장산업 투자 유치 등을 도우며 중소기업들의 경쟁력을 높이고자 하고 있으니 관련 내용을 잘 살펴보고 활용하기 바랍니다.

4장

슈퍼리치들의
절세 방법은 따로 있다

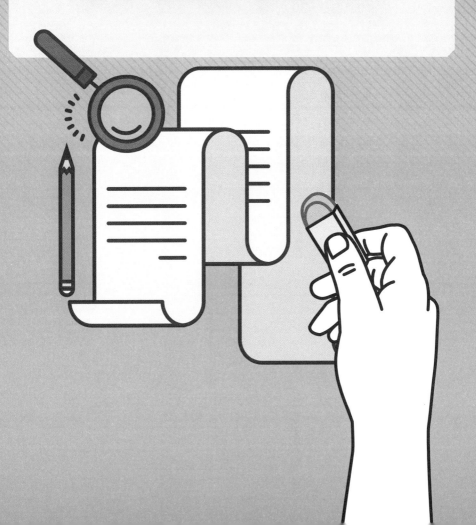

절세의 꽃,
바로 부동산 관련 세금입니다.
슈퍼리치들은 어떻게 부동산 세금을
아끼며 부를 축적해갈까요?
슈퍼리치들만 알고 있다는
절세 전략을 살펴보겠습니다.

부동산 투자,
세금이 관건이다

더욱 까다로워진 부동산 세금

대한민국의 슈퍼리치들은 여유 자금이 쌓이면 어느 곳으로 가장 먼저 눈을 놀릴까요? KB금융지주에서 발간한 「2018 한국 부자 보고서」에 따르면, 한국의 부자들이 가장 선호하는 투자처는 바로 국내 부동산인 것으로 나타났습니다. 부를 늘리는 데 주식이나 펀드, 원화예적금, 채권보다 국내 부동산이 가장 수익률 높은 투자 수단이라고 본 것입니다. 또한, 한국 부자 중 85.5%가 투자용 부동산을 보유하고 있는 것으로 조사되기도 했습니다.

2017년부터 부동산 자산 가치가 크게 상승함에 따라 부동산 가격 또한 가파르게 상승하여, 정부는 과도한 투기 열기를 다잡기 위해 각종 규제 대책을 내세우고 있는 상황입니다. 정부가 부동산 가격을 조절하는 가장 간편한 수단 중 하나가 바로 세금입니다. 정부가 내놓은 2017년 8·2 부동산 대책과 2018년 8·27일 대책, 9·13 대책은 다주택자에 대한 세금 중과를 통한 부동산 가격 상승 제한을 목표로 하고 있습니다.

때문에 세법이 개정되면서 부동산 관련 세금 계산 방식이 바뀌고 예외 조항도 많아져, 부동산 자산을 보유하고 있거나 투자를 하고자 하는 사람들의 셈법이 더욱 복잡해졌습니다. 이제는 정말 부동산 세금을 잘 모르고서는 부동산 투자에 나설 수 없는 상황인 된 것입니다. 부동산 투자에서 가장 중요한 것은 세전 수익률이 아닌 세후 수익률입니다. 수익률을 계산할 때 단순히 1,000만 원에 사서 5,000만 원에 팔고 4,000만 원을 남길 수 있겠다 하는 단순 상식만으로 접근했다가는 큰 코 다칠 수 있습니다.

부동산 투자를 결심한 분들이라면, 특히 슈퍼리치들은 부동산 세금에 대해 기본적으로 알고 투자 의사결정을 하거나, 적극적으로 전문가의 상담을 받은 뒤 의사결정을 해야 합니다. 괜히 잘 모르고 했다가 나중에 세금 폭탄을 맞는 것보다 상담 수수료가 훨씬 더 저렴하기 때문입니다.

또한 슈퍼리치들은 최고의 절세가 정확한 세금을 제때 내는 것이라는 걸 잘 알고 있습니다. 즉, 세금이 많다고 해서 결코 두려워하거나 또 내지 않기 위해 꼼수를 부리지 않습니다. 예전에는 세금을 안 내고 버티는 사람이 승자였던 시대가 있었는지 몰라도 적어도 지금은 세금을 내지 않고 국세청으로부터 도망칠 수 있는 길이 없기 때문입니다.

그렇다면 부동산과 관련된 세금은 어떠어떠한 것들이 있는지 알아보도록 할까요?

부동산과 관련된 세금 종류는?

부동산 세금은 크게 '취득 시 세금'과 '보유 시 세금', '양도 시 세금'으로 나눌 수 있습니다.

⑴ 부동산 취득세

우선 부동산을 취득할 때는 '취득세'와 '부가세'를 염두에 두어야 합니다. 취득세 금액에 따라 실투자금이 완전히 달라지기 때문입니다. 취득세는 기본적으로 물건의 종류와 금액, 취득 원인에 따라 비율이 달라집니다.

부동산 취득세 세율표

(단위: %)

취득 원인	구분			취득세	지방 교육세	농·특세	합계 세율
(유상 취득) 매매 경매 공매 등	주택	6억 원 이하	85㎡ 이하	1.0	0.1	비과세	1.10
			85㎡ 초과	1.0	0.1	0.2	1.30
		6억 원 초과 9억 원 이하	85㎡ 이하	2.0	0.2	비과세	2.20
			85㎡ 초과	2.0	0.2	0.2	2.40
		9억 원 초과	85㎡ 이하	3.0	0.3	비과세	3.30
			85㎡ 초과	3.0	0.3	0.2	3.50
	농지/주택 외 상가, 오피스텔, 토지 등			4.0	0.4	0.2	4.60
	농지 (전, 답, 과수원, 목장 용지 등)	매매 취득(신규)		3.0	0.2	0.2	3.40
		2년 이상 자격		1.5	0.1	비과세	1.60
상속	농지(전, 답, 과수원, 목장 용지 등)	일반		2.3	0.06	0.2	2.56
		2년 이상 자격		0.3	0.06	비과세	0.36
	농지 외			2.8	0.16	0.2	3.16
	1가구 1주택			0.8	0.16	비과세	0.96
무상 취득 (증여)	일반			3.5	0.3	0.2	4.00
	전용면적 85㎡ 이하 주택			3.5	0.3	비과세	3.80
원시 취득 (신축, 증축) 보존	주택	85㎡ 이하		2.8	0.16	비과세	2.96
		85㎡ 초과		2.8	0.16	0.2	3.16
	주택 외 건축물			2.8	0.16	0.2	3.16

포털 사이트에서 '부동산 취득세 계산기'로 검색하면 간편하게 취득세를 계산해볼 수 있습니다. 또한 부동산 매매업자로부터 부가세 과세 대상이 되는 국민주택 규모를 초과하는 주택, 사업용으로 사용하는 상가 및 사무실 등을 매입하는 경우에는 부가세를 별도로 줘야 하는 경우가 있습니다. 부동산 거래 시 부가세 별도로 지급한다는 규정이 있는지 여부를 계약서상 반드시 확인해야 합니다.

포털에서 제공하는 부동산 취득세 계산기 이용하기

⑵ 종합부동산세와 재산세

다음으로 부동산을 보유하면서 납부하는 세금에는 종합부동산세와 재산세가 있습니다.

종합부동산세와 재산세 모두 과세 기준일이 6월 1일입니다. 따라서 6월 근방에 부동산 매매 거래가 생기면 잔금일을 언제로 할지를 놓고 매수인과 매도인 간에 종종 신경전을 벌입니다. 즉, 매도인은 잔금일을 6월 1일 이전으로 해야 재산세와 종합부동산세를 내지 않을 수 있고, 매수인 입장에서는 6월 1일 이후로 잔금일을 처리하는 것이 재산세와 종합부동산세를 내지 않아도 되어 유리하기 때문입니다.

재산세의 경우, 6월 1일 기준으로 부과되며 7월과 9월에 부과되는 세율은 아래 표와 같습니다.

재산세는 시·군·구청에 납부하는 세금으로 우편으로 고지서가

재산 세율

구분	과세표준	세율	누진공제
주택	6,000만 원 이하	0.1%	–
	6,000만 원 초과 1억 5,000만 원 이하	0.15%	3만 원
	1억 5,000만 원 초과 3억 원 이하	0.25%	18만 원
	3억 원 초과	0.4%	63만 원

발급되면 납부하면 됩니다. 재산세는 주택의 경우 공시가격에 공정시장가액 비율 60%를 곱하고 여기에 다음의 세율을 곱해서 계산합니다. 공시가격은 국토교통비 '부동산 공시가격 알리미' 사이트(www.realtyprice.kr:447)에서 확인하면 됩니다.

종합부동산세는 일정한 기준을 초과하는 주택이나 토지 소유자에게 부과하는 세금으로 '부자세'라고 불리기도 합니다. 통계청 자료에 따르면 2016년 주택 소유자 1,331만 명 중, 종합부동산세 과세 대상자는 27.4만 명(국세통계연보 2016년 결정 기준)으로 전체 주택 소유자의 약 2% 수준이라고 합니다.

종합부동산세는 보유하고 있는 주택의 공시가격을 합산하여 6억원 초과하는 경우 부과됩니다. 1주택자의 경우에는 9억 원을 초과할 때 부과됩니다. 토지의 경우에는 나대지, 잡종지 등 농지나 임야처럼 생산활동이 이루어지지 않고 비어 있는 토지라면 '종합합산토지'라고 하여 공시가격이 5억 원을 초과할 때 종합부동산세가 부과됩니다. 상가나 사무실과 같이 건물 비중이 높고 토지 비중이 적은 일반 건축물의 부속토지는 '별도합산토지'라고 하여 공시가격 합계액이 80억 원을 초과하는 경우에는 종합부동산세가 과세됩니다.

종합부동산세는 주택을 기준으로 보면 전체 공시가격에서 6억 원을 뺀 금액에 다시 공정시장가액 비율을 80% 곱해서 과세표준을 산출합니다. 여기에 누진세율을 곱하여 산출한 뒤 종전에 납부한 재산세가 빠진 금액으로 종합부동산세가 부과됩니다.

주택 종합부동산세율

과세표준	세율	누진공제
6억 원 이하	0.5%	–
12억 원 이하	0.75%	150만 원
50억 원 이하	1.00%	450만 원
94억 원 이하	1.50%	2,950만 원
94억 원 초과	2.00%	7,650만 원

종합부동산세의 납부기간은 매년 12월 1일부터 12월 15일까지입니다. 주택에 대한 종합부동산세 세율은 위 표와 같습니다.

2019년 세법 개정안을 보면 종합부동산세 개편안을 담고 있습니다. 우리나라 부동산 자산총액 대비 보유세 비중은 0.16%로 OECD 13개국 평균 0.33%의 절반 수준이므로 부동산 보유에 대한 세 부담이 국제적으로 낮은 수준입니다. 이에 따라 부동산 자산을 선호하는 흐름이 강해져 소수계층의 부동산 집중 현상을 초래시켰고, 부동산 소득에 따른 소득격차가 심화되고 있다고 보아 종합부동산세 세율을 상향 조정한 것입니다.

2018년 9·13 개편안에 따르면 3주택 이상 보유자와 조정대상 지역 2주택 보유자에 대해 현행 대비 0.1~1.2%p 세율을 인상하고 조정대상 지역 외 2주택 및 고가 1주택에 대해 과세표준 3억~6억 원 구간을 신설하고 3억 원 초과 시 세율을 0.2~0.7%p 인상하기로 했습니다. 또한 종합부동산세 세 부담 상한도 상향 조정될 예정입니다(더 자세한 내용은 287~290쪽 참고). 다주택자에 대한 중과제도인 부동산 8·2 대책으로도 집값 상승이 잡히지 않자 정부가 보유세 중과라는 카드를 꺼낸 것입니다.

재산세와 종합부동산세를 계산해보고 싶다면 국세청 사이트에 있는 엑셀 시트를 통해 간단히 계산해볼 수 있습니다. 또한 부동산 114 홈페이지(www.r114.com)에서도 '부동산 계산기'를 제공하고 있으니 이를 통해서도 재산세와 종합부동산세를 계산해볼 수 있습니다.

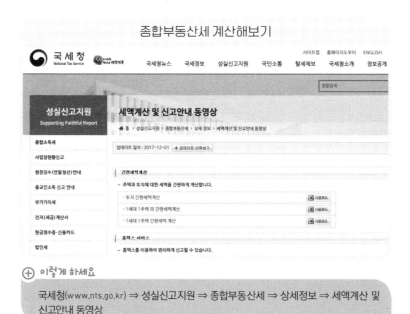

종합부동산세 계산해보기

⊕ 이렇게 하세요

국세청(www.nts.go.kr) ⇒ 성실신고지원 ⇒ 종합부동산세 ⇒ 상세정보 ⇒ 세액계산 및 신고안내 동영상

(3) 양도소득세와 부가가치세

다음으로 부동산을 매도할 때 기억해둬야 할 세금이 바로 '양도소득세'와 '부가가치세'입니다. 양도소득세란 양도차익 즉, 취득가액과 양도가액의 차이에 대해서 납부하는 세금입니다.

7억 원에 아파트를 취득하여 10억 원에 팔았다면 그 차액인 3억 원에 대해서 납부하는 것입니다. 부가가치세는 부동산 매매 사업자인 경우, 취득 시와 마찬가지로 부가세 과세대상이 되는 부동산을 매도했다면 부가가치세 신고를 통해 납부해야 합니다. 매수인으로부터 부가세를 받아서 납부하는 것입니다.

양도소득세의 세율은 기본적으로 6~42%까지 누진세율 구조로 구성되어 있습니다. 취득 후 1년 이내 부동산을 매매하는 경우에 주택은 40% 단일세율이 적용되고, 주택 외의 상가 등은 50%가 적용됩니다. 1년 이상 2년 미만 보유 시 주택을 제외한 경우에는 40%의 단일세율이 적용됩니다.

하지만 여기에 더해 2017년 8월 2일 부동산 대책에 따르면, 1세대 2주택자가 조정대상 지역 내의 주택을 양도하는 경우에 기본 누진세율 6~42%에 10%가 가산됩니다. 3주택자 이상인 경우에는 20%가 가산되어 최고 62%의 세율을 적용받게 됩니다.

또한 장기보유특별공제라고 하여 토지·건물 및 조합원입주권을 3년 이상 보유한 경우 양도차익의 10~30%(2019년 1월 1일 이후부터는

6~30%)를 공제해주는 것이 있는데, 1세대 2주택자 이상인 자가 조정 대상 지역에 있는 주택을 양도했다면 장기보유특별공제 적용이 배제 됩니다(더 자세한 내용은 291쪽 참고).

조정대상 지역

시·도	지역
서울	서울 전역 25개구
경기	과천시, 광명시, 성남시, 고양시, 남양주시, 하남시, 화성시(반송동·석우동, 동탄면 금곡리·목리·방교리·산척리·송리·신리·영천리·오산리·장지리·중리·청계리 일원에 지정된 택지개발지구에 한함)
	구리시, 안양시 동안구, 광교택지개발지구(수원시 영통구 이의동·원천동·하동·매탄동, 팔달구 우만동, 장안구 연무동, 용인시 수지구 상현동·기흥구 영덕동 일원)
부산	해운대구, 연제구, 동래구, 남구, 부산진구, 수영구
	기장군(일광면)
세종	세종특별자치시

양도소득세율

보유기간	구분	세율
1년 미만	주택, 조합원입주권	40%
	일반	50%
1년 이상 2년 미만	주택, 조합원입주권	6~42%
	일반	40%
2년 이상	6~42%	

다주택자에게 적용되는 양도세율

구분	2주택자	3주택자 이상
조정대상 지역 외	6~42% 기본 세율	
조정대상 지역 내	기본세율 + 10%p (6~42%)	기본세율 + 20%p (6~42%)

과세표준	조정대상 지역 외	조정대상 지역	
	2018	2주택자	3주택자
~1,200만 원 이하	6%	16%	26%
1,200만~ 4,800만 원 이하	15%	25%	35%
4,800만~ 8,800만 원 이하	24%	34%	44%
8,800만~ 1.5억 원 이하	35%	45%	55%
1.5억~ 3억 원 이하	38%	48%	58%
3억~ 5억 원 이하	40%	50%	60%
5억 원 초과~	42%	52%	62%

* 적용시기: '18.4.1 이후 양도하는 주택부터 적용

⑷ 증여세와 상속세

마지막으로 부동산과 관련하여 자주 등장하는 세금에는 '증여세'와 '상속세'가 있습니다. 보통 이 두 가지 세금을 양도세와 헷갈리는 경우가 있는데 부동산 거래에 대해서 대금이 수수되면 양도세이고 무상으로 이전될 경우 증여세나 상속세가 부과됩니다.

즉, A에서 B로 부동산 명의가 이전될 때 B가 A에게 금액을 지불하면 양도자인 A는 양도소득세를 납부하게 되지만, A가 생전에 B에게 무상으로 대가 없이 부동산을 이전하면 증여세가 부과됩니다. A가 사망하면서 B에게 무상으로 부동산을 이전하면 상속세가 부과되는 것입니다.

무상으로 이전하는 것은 주로 가족 간에 이루어집니다. 부모가 자녀에게 생전에 대가 없이 부동산을 주는 경우 증여세가 부과되고,

상속세, 증여세 과세표준 및 세율

과세표준	세율	누진공제액
1억 원 이하	10%	–
1억 원 초과~5억 원 이하	20%	10,000,000
5억 원 초과~10억 원 이하	30%	60,000,000
10억 원 초과~30억 원 이하	40%	160,000,000
30억 원 초과	50%	460,000,000

부모가 사망하며 자녀에게 부동산을 주는 경우 상속세가 부과됩니다. 부모님과 자식 간에도 시세대로 부동산 거래를 할 수 있는데, 이 경우에는 대금이 오고가므로 양도소득세가 부과되는 것입니다. 상속세와 증여세는 기본적으로 무상으로 받은 자산의 시가에 대해서 과세되며 세율은 10~50%의 누진세율이 적용됩니다.

부동산 세금 아끼려면,
명의를 분산하고 시간을 분산하라

절세의 기본은 쪼개기입니다. 쪼갤 때는 제대로 쪼개야 합니다. 즉, 시간을 나누고 명의를 나누는 것 그것이 바로 절세의 기본입니다.

시간을 분산하여 납세 계획을 세우세요

첫 번째, 시간을 나누는 방법에 대해서 설명하겠습니다. 올해 양도 건이 2건이 있었고 두 번째 양도 건의 계약일이 12월에 있다면 잔금일을 1월로 미루는 것이 절세에 큰 도움이 될 수 있습니다.

양도소득세는 기본적으로 1월 1일부터 12월 31일까지의 거래 내역을 합산하여 과세합니다. 이때 전기세처럼 세율이 누진되는 구조로

A부동산과 B부동산을 한 해에 한꺼번에 양도하는 경우

(단위: 천 원)

20×1년도

	A	B	합계
양도가액	1,000,000	900,000	1,900,000
취득가액	700,000	400,000	1,100,000
양도차익	300,000	500,000	800,000
장기보유특별공제	90,000	150,000	240,000
양도소득금액	210,000	350,000	560,000
양도소득기본공제			2,500
양도소득세 과세표준(42%)			557,500
산출세액			198,750

VS

두 해에 나누어 양도하는 경우

(단위: 천 원)

20×1년도

	A
양도가액	1,000,000
취득가액	700,000
양도차익	300,000
장기보유특별공제	90,000
양도소득금액	210,000
양도소득기본공제	2,500
양도소득세 과세표준(38%)	207,500
산출세액	59,450

20×2년도

	B
양도가액	900,000
취득가액	400,000
양도차익	500,000
장기보유특별공제	150,000
양도소득금액	350,000
양도소득기본공제	2,500
양도소득세 과세표준(40%)	347,500
산출세액	113,600

= 총 부담세액 173,050

차이금액
25,700

되어 있어 2018년에 2건으로 합산했을 때와 2018년 1건, 2019년 1건으로 나누었을 때 세금이 엄청나게 차이날 수 있습니다.

왼쪽의 사례를 보면 A 부동산은 7억 원에 구매해서 10억 원에 팔고 B 부동산은 4억 원에 사서 9억 원에 판다고 가정할 때, 이 두 물건을 한 해에 팔게 되면 세율 구간이 42%로 총 부담세액이 약 1.9억 원이 산출되지만 2개 연도에 나누어 매매하는 경우에는 산출세액이 약 1.7억 원으로 줄어 약 2,500만 원의 세금이 줄어드는 것을 눈으로 확인할 수 있습니다. 그 이유는 합산할 경우 42%의 세율이 적용되지만 나누어 양도하는 경우에는 각각 38%, 40%로 최고 한계세율 구간이 낮아지기 때문입니다. 절세의 핵심은 적용되는 한계세율을 낮추는 것 즉, 과세표준을 낮추는 것이므로 시간을 분산함으로써 세금을 줄일 수 있습니다.

부부 공동명의를 통한 절세 전략

두 번째는 명의를 분산하는 방법입니다. 양도소득세는 가족별로 부과되는 것이 아니라 사람별로 부과가 됩니다. 1세대 1주택 비과세 중과 여부 등을 따지는 경우에는 세대 기준으로 주택수를 합산하지만 결국 양도 시 세금 계산은 개인별로 적용되기 때문입니다. 그래서 명의 분산을 위해 가장 대표적으로 활용하는 것이 바로 부부 공동명의 전략입니다.

남편 단독명의로 양도소득세를 낼 경우

(단위: 천 원)

남편 단독

양도가액	1,000,000
취득가액	700,000
양도차익	300,000
장기보유특별공제	90,000
양도소득금액	210,000
양도소득기본공제	2,500
양도소득세 과세표준	207,500
산출세액	59,450

차이금액
17,500

VS

부부 공동명의로 양도소득세를 낼 경우

부부 공동

(단위: 천 원)

			합계
양도가액	500,000	500,000	1,000,000
취득가액	350,000	350,000	700,000
양도차익	150,000	150,000	300,000
장기보유특별공제	45,000	45,000	90,000
양도소득금액	105,000	105,000	210,000
양도소득기본공제	2,500	2,500	5,000
양도소득세 과세표준	102,500	102,500	205,000
산출세액	20,975	20,975	41,950

* 10년 이상 보유한 것으로 가정하여 장기보유특별공제는 동일하게 현행기준(2018년) 30%를 적용하였음

왼쪽 사례를 보면 7억 원짜리 부동산을 10억 원에 양도하는 경우 남편 단독명의로 할 때와 부부 공동명의일 때 산출세액 차이는 1,750만 원입니다. 부부 공동명의로 하면 1년 단위로 적용받을 수 있는 기본공제 금액 250만 원을 남편과 부인이 각각 받을 수 있습니다.

이뿐만 아니라 종합부동산세의 경우에도 보유하고 있는 부동산의 기준시가 총합이 6억 원, 1세대 1주택의 경우 9억 원까지 비과세되는데 부부 공동명의로 주택을 가지고 있는 경우 기준시가 12억 원까지 종합부동산세가 과세되지 않을 수 있는 것입니다. 취득세나 재산세는 부부 공동명의로 하여도 줄어들지는 않습니다. 추후 주택 임대로 임대소득세가 발생하는 경우 공동사업자가 되어 임대소득세도 줄어듭니다. 주택을 취득한 이후에 증여 등을 통해서 공동명의로 전환하려고 하면 세금 신고도 해야 하고 취득세도 다시 납부해야 하므로 취득 시점부터 공동명의를 잘 활용해두는 것이 절세에 도움이 됩니다.

시간과 명의를 분산하는 사전증여 전략

상속세와 증여세도 마찬가지로 누진세율 구조입니다. 때문에 부모가 자식에게 어떤 자산을 주겠다고 다짐했을 때는 한번에 주는 것보다는 사전에 나누어주는 것이 절세에 훨씬 도움이 되는데 그것이 바로 사전증여 전략입니다.

사전증여 전략은 시간도 분산하고 명의도 분산하는 1석 2조의 효과가 있습니다. 사전증여는 말 그대로 사전에 가족에게 증여함으로써 세금을 줄인다는 것입니다. 예를 들어 부모가 자식에게 50억 원에 상당하는 현금을 주려고 할 때 5억 원씩 나누어 10년마다 증여하게 되면 50억 원을 일시불로 주는 경우 50%라는 증여세 최고세율이 적용되지만 5억씩 나누어 증여한다면 20%로 세율을 30%나 절약할 수 있습니다.

그뿐만 아니라 증여가액을 산정할 때 시가로 하는 것이 원칙인데 이 시가는 시간이 지날수록 대부분 오르는 특성을 가지고 있습니다. 국내 대부분의 부동산이 지난 30년간 계속적으로 올랐듯이 사전 증여를 하면 나중에 증여하는 것보다 저렴한 시가로 증여할 수 있는 장점이 있는 것입니다.

또한 증여재산 공제라고 해서 가족에게 재산을 증여할 때 10년 이내에서 일정금액을 빼주는 제도가 있습니다. 10년마다 나누어 증여를 할 경우 10년마다 이 증여재산 공제액을 활용할 수 있습니다.

증여재산 공제액

증여 대상	공제액
배우자	6억 원
직계존속	5,000만 원
직계비속	5,000만 원(미성년자는 2,000만 원)
기타 친족	1,000만 원(6촌 이내 혈족, 4촌 이내 인척)

03

양도소득세 줄이려면
필요경비를 최대한 늘려라

인테리어 견적서와 영수증, 챙겨두면 돈이 됩니다

양도소득세는 양도차익에 대해서 부과되는 세금이므로 양도소득세를 줄이기 위해서는 양도차익을 최대한 줄이는 것이 중요합니다. 세법상 양도차익은 양도가액에서 필요경비를 차감하여 계산되는데 이때 필요경비로 인정되는 금액을 최대화해야만 세금을 줄일 수 있습니다.

양도소득세 계산 시 필요경비로 인정되는 항목에는 자본적 지출과 각종 양도비용이 있습니다. 자본적 지출이란, 해당 자산의 가치를 증가시키거나 내용연수를 연장시키는 지출입니다. 이 항목으로 인정되는 예로는 발코니 확장, 새시공사, 바닥공사, 난방시설 및 보일러 교체, 시스템 에어컨 설치 등의 금액이 포함됩니다. 또한 취득 후 소유권 확보를 위해 직접 소요되는 소송비용, 수용 등에서 보상금 증액 관련한 소송비용, 개발부담금 및 재건축 부담금 또한 필요경비로 인정됩니다.

양도비용에는 양도 시 중개수수료와 양도소득세 신고 세무수수료, 취득 시 법무사 비용, 취득세, 국민주택채권 매각차손, 경락대금에 불포함된 대항력 있는 전세보증금, 컨설팅 비용 등이 포함됩니다.

위와 같은 항목이 필요경비로 인정되기 위해서는 2018년 4월 1일 이전에는 적격증명서류(세금계산서, 계산서, 신용카드 매출전표, 현금영수증 등)를 보관하는 경우에만 인정되었으나 2018년 4월 1일 이후부터는 실제 지출 사실이 금융거래 증명서류 즉, 통장이체 내역 등을 통해 확인되는 경우에는 양도차익 계산 시 비용으로 인정받을 수 있습니다.

하지만 이때 인테리어 공사를 한 경우 해당 사업체의 사업자번호와 상호, 대표자, 연락처 등의 자료가 있어야 하고 공사 관련 견적서 등 산출내역서를 보관해두는 것이 좋습니다. 보통 적격증명서류 발급을 요청하면 업체는 부가세 10%를 별도로 달라고 하는데, 이때 부가세를 주기 싫어서 적격증명서류 발급을 못 받았다면 거래 상대방의 업체명, 사업자번호, 연락처 등과 통장이체 입금증과 관련 서류인 견적서, 영수증 등을 함께 보관하여 지출 사실을 증명하면 양도소득세를 줄일 수 있습니다.

이때 필요경비로 인정받지 못하는 항목, 예를 들어 대출금 이자나 장판 및 도배 비용 등은 부동산 임대사업자 혹은 매매 사업자로 사업자 등록을 할 경우 적격증명서류 수수를 통해서 비용으로 인정받을 수 있습니다.

따라서 양도소득세 계산 시 비용으로 인정받지 못하는 항목들에 대한 지출이 과다할 때는 부동산 임대 또는 매매사업자 등록을 고려해보는 것이 좋습니다.

04

절세의 끝판왕은 비과세,
1세대 1주택 개념 파헤치기

1세대 1주택 기준은?

절세의 끝판왕은 뭐니 뭐니 해도 바로 비과세 혜택을 받는 것이라고 할 수 있습니다. 주택과 관련된 세금은 서민들의 주거 안정에 직간접적으로 영향이 있어 서민들을 위한 여러 비과세 혜택이 마련되어 있습니다. 때문에 이 규정을 잘 활용하는 것이 주택 관련 절세의 핵심입니다.

양도소득세 비과세 절세 가운데 가장 대표적인 예가 바로 '1세대 1주택' 규정입니다. 1세대가 양도일 현재 국내에 1주택을 보유하고 주택의 보유기간이 2년 이상이면, 해당 주택을 양도할 때 양도가액

9억 원까지는 비과세 혜택을 받을 수 있습니다. 조정대상 지역의 경우로서 2017년 8월 2일 이후 취득한 주택은 2년 이상 보유하고 거주까지 해야 합니다.

　이때 먼저, 1세대 개념에 대해서 잘 알고 있어야 합니다. 1세대는 보통 거주자와 그 배우자가 동일한 주소 또는 거소에서 생계를 함께하는 '가족'입니다. 이때 가족은 본인, 배우자, 본인의 직계존비속, 배우자의 직계존비속, 본인의 형제자매, 배우자의 형제자매만 인정되고 형제자매의 배우자는 인정되지 않습니다.

　반면 부부 간에는 동일한 주소에서 생계를 같이 하지 않더라도 1세대로 봄으로써 부부가 각각 단독 세대를 구성했다고 할지라도 각각의 세대로 보지 않습니다. 1세대를 이루기 위해서는 원칙적으로 배우자가 있어야 하지만 30세 이상이거나, 기준 중위소득의 40% 이상의 소득이 있으며 독립된 생계를 유지하는 경우, 배우자가 사망하거나 이혼한 경우에는 배우자가 없더라도 1세대를 구성할 수 있습니다.

2018년 및 2019년 기준 중위소득

(단위: 원/월)

가구원 수		1인	2인	3인	4인	5인	6인
기준 중위소득	2018년	1,672,105	2,847,097	3,683,150	4,519,202	5,355,254	6,191,307
	2019년	1,707,008	2,906,528	3,760,032	4,613,536	5,467,040	6,320,544

출처: 보건복지부

1주택으로 판정되는 예외의 경우

다음으로 1주택 보유 요건을 따질 때는 양도 시점을 기준으로 1주택인지 여부를 판정하는데 예외적으로 2주택임에도 불구하고 비과세 특례를 주는 경우도 있습니다. 그러므로 이 규정을 잘 파악하여 절세에 활용해야 합니다.

① 이사를 가면서 일시적으로 2주택이 된 경우

첫 번째 매입한 주택을 '종전주택'이라고 하고, 두 번째로 매입한 주택을 '신규주택'이라고 해봅시다. 이때 종전주택을 취득하고 1년 이상 지난 후 두 번째 주택인 신규주택을 매입해야 하고, 신규주택 취득 후 3년 이내에 종전주택을 양도해야만 비과세 혜택을 받을 수 있습니다. 또한, 동시에 종전주택을 2년 이상 보유해야 하며 조정대상 지역의 경우에는 2년 이상 거주하는 요건을 함께 충족해야 합니다.

9·13 대책에 따라 조정대상 지역 내에 종전주택과 신규주택이 있고 일시적으로 2주택자가 된 경우라면 신규주택 취득 후 3년이 아닌 '2년' 이내에 종전주택을 양도해야 양도세가 비과세 됩니다(2018년 9월 13일 이후 취득분부터 적용).

② 혼인으로 일시적 2주택이 된 경우

1주택을 보유하고 있는 남자와 1주택을 보유한 여자가 결혼함으로써 1세대 2주택이 된 경우, 2개 주택 중 아무 주택이나 혼인한 날로부터 5년 이내에 먼저 양도하면 양도소득세가 비과세됩니다.

③ 동거봉양을 위하여 일시적 2주택이 된 경우

1주택 보유자가 1주택을 보유한 60세 이상의 직계존속(직계존속 중 일부가 60세 미만인 경우와 배우자의 직계존속을 포함함)의 동거봉양을 위하여 일시적으로 2주택이 된 경우입니다. 이때 세대를 합친 날로부터 10년 이내에 먼저 양도하는 주택에 대해서는 비과세를 적용할 수 있습니다.

④ 상속받은 주택과 일반주택을 국내에 각각 1개씩 소유하고 있는 경우

상속받은 주택이 아닌 일반주택을 양도하는 경우 비과세 혜택을 받을 수 있으며 상속받은 주택을 팔면 비과세 적용이 되지 않습니다. 그리고 이때 일반주택을 양도하는 것은 기간 제한이 없으므로 언제든지 팔아도 됩니다. 이때 상속받은 주택은 동일세대 구성원으로부터 상속을 받은 경우, 동거봉양을 위한 합가일 이전부터 보유하던 주택을 상속받았을 때에만 가능하고 일반주택에는 상속개시일부터 소급해서 2년 이내에 피상속인으로부터 증여받은 주택은 제외합니다.

⑤ 거주주택과 장기임대주택을 보유한 경우

거주주택 1채와 장기임대주택을 보유한 상태에서 거주주택을 양도하면 1주택자로 비과세 적용을 받을 수 있습니다. 이때 거주주택은 보유기간이 2년 이상이어야 하고 반드시 조정대상 지역 여부와 상관없이 세대 전원이 2년 이상 거주했어야 합니다.

단 이때, 장기임대주택의 경우 시·군·구청에 임대사업자 등록을 해야 하며, 임대 개시일 당시 주택의 공시가격이 6억 원 이하(수도권 밖 지역인 경우에는 3억 원 이하)이고 5년 이상 계속하여 임대해야 합니다. 따라서 거주하는 주택과 임대하는 주택을 1개씩 보유하고 있다면 거주주택 양도 전에 임대사업자 등록을 하면 됩니다. 양도 시점에 5년 이상 임대하고 있는지 여부를 따지는 것이 아니므로 양도 이후에 5년 이상 임대 요건을 충족하면 됩니다. 만약 거주주택을 양도하고 나서 임대주택의 의무 임대기간을 채우지 않고 팔아버리면 기존에 비과세 혜택을 받았던 세금을 다시 내야 합니다.

이 외에도 취학, 근무 형편, 질병 요양 등의 부득이한 사유로 인하여 취득한 수도권 밖의 주택과 수도권 내 주택을 각각 1개씩 소유하고 있는 1세대가 그중 수도권 내의 주택을 부득이한 사유가 해소된 날로부터 3년 이내에 양도하면 비과세 혜택을 받을 수 있습니다.

05

임대사업자 할까 말까?
장기일반민간임대주택 사업자
신청하세요

임대사업자의 절세 전략은?

조물주 위에 건물주라는 말이 있듯이, 부동산 임대사업은 안정적인 재원을 확보할 수 있는 슈퍼리치들의 대표적인 투자 수단입니다. 그렇다면, 부동산 임대업의 경우 세금 신고를 어떻게 해야 할까요?

우선 부동산 임대사업도 크게 상업 용도와 주거 용도로 나뉩니다. 사무실, 상가, 아파트형 공장 등의 임대사업은 기본적으로 부동산 임대업에 대한 사업자 등록을 하고 부가세 신고와 종합소득세 신고를 통해서 금액에 상관없이 모든 수입금액에 대한 세금 신고를 의무적으로 하게 됩니다.

반면 주거 용도로 임대하는 경우에, 2018년까지는 부동산 임대와 관련된 총수입 금액이 2,000만 원 이하일 때 주택임대소득이 비과세되어 사업자 등록을 하지 않고 임대업을 하는 경우가 대부분이었습니다. 하지만 2019년부터는 주거 용도의 부동산을 임대하는 경우 총수입금액이 2,000만 원 이하일지라도 분리과세를 통해 14% 세율을 매깁니다.

이때 주택임대수입금액이 2,000만 원 이하인 경우 8년 이상 임대하는 임대주택 사업자 등록을 하면 내야 할 세금이 6.5만 원인 반면, 미등록 시에는 109만 원의 세금을 부담해야 합니다. 2019년부터 시작되는 세법 개정안에 따르면 임대주택 등록자와 미등록자 간의 차등을 두면서 임대주택으로 사업자 등록을 한 경우 필요경비율이 기존 60%에서 70%로 확대 적용됩니다. 만약 미등록할 경우 50%로 적용되며 공제금액도 임대주택 등록자는 400만 원, 미등록자는 200만 원이 적용됩니다.

필요경비율이란 100이라는 수입이 발생할 때 비용으로 인정해주는 금액인데 그 금액이 등록자의 경우 70%, 미등록자는 50%입니다. 2,000만 원 이하인 경우에 4년 임대 시에는 30% 세액 감면을, 8년 임대 시에는 세액의 75%를 감면해줌으로써 임대주택 등록을 활성화하고자 한 것입니다. 더불어 2019년부터는 주택임대사업자로서 사업자 등록을 하지 않을 경우 수입금액의 0.2% 가산세를 덧붙이는 규정이 신설되어 임대주택 등록이 사실상 의무화되었습니다.

분리과세 시 임대주택 등록(8년 이상 임대)과 미등록 비교 예시

	현행	개정(안)	
		등록	미등록
수입금액	1,956만 원	1,956만 원	1,956만 원
필요경비율	×60%	×70%	×50%
필요경비	−1,174만 원	−1,369만 원	−978만 원
공제금액	−400만 원	−400만 원	−200만 원
과세표준	382만 원	187만 원	778만 원
세율	×14%	×14%	×14%
산출세액	53.5만 원	26만 원	109만 원
세액감면율	–	75%	–
결정세액	53.5만 원	6.5만 원	109만 원

* 주택임대 외 종합소득금액 1,200만 원

정부 정책 방향 보며, 임대주택사업자 등록 고려해야

부동산 임대사업 시 총수입금액을 계산할 때는 월세로 받는 임대료뿐만 아니라 전세보증금에 대한 부분도 반드시 고려해야 합니다. 전세 임대수입의 경우 1세대 2주택까지는 비과세이지만 3주택 이상부터는 해당 주택보증금 합계액이 3억 원을 초과하면 간주임대료 계산을 해야 합니다.

이때 주택 수를 계산할 때 기준시가 3억 원 이하이고, 60m² 이하인 주택은 제외되는데, 2019년부터는 기준시가 2억 원 이하이고 면적은 40m² 이하여야만 주택 수 산정에서 제외됩니다. 기존에는

60m² 이하의 주택을 여러 채 소유하더라도 소형주택으로 주택 수 합산에서 제외되어 전혀 세금을 내지 않아도 되었기 때문에, 전세를 통해 여러 채를 보유하는 갭 투자가 유행하기도 했습니다. 하지만 2019년부터는 이러한 법 개정으로 갭 투자가 점점 더 어려워질 것으로 보입니다.

간주임대료를 계산하는 산식은 다음과 같습니다.

$$\text{(보증금 등 합계액 − 3억 원)} \times 60\% \times 1.8\%{\scriptsize(2018년 기준)} - \text{금융수익}$$
↳ 간주임대료 수입

이때 사업자 등록은 시·군·구청에 주택임대사업자 등록을 하고 관할 세무서에 가서 사업자 등록을 해야 합니다. 또한, 8년 이상의 장기일반민간임대주택 사업자(舊 준공공임대사업자)로 등록을 해야만 세금 혜택을 받을 수 있습니다. 다주택자 중과 정책으로 인하여 이번 정권 재임기간 동안 부동산을 매매하지 않아도 된다고 하면 8년 이상 장기일반민간임대주택 사업자로 등록을 하는 것이 낫습니다.

임대주택 등록 시에는 임대 등록한 부동산 요건을 채워 양도 시 세율 중과가 적용되지 않고 장기보유특별공제라고 하여 양도차익의 일정 비율을 빼주는 것이 있는데, 2019년부터는 8년 이상 임대 시 70%나 공제를 받을 수 있습니다(국민주택 규모 이하인 경우 한정). 9·13 대책에 따라 대책 이후 계약 건은 임대 개시 당시 수도권은 6억 원 이하, 비수도권은 3억 원 이하인 경우의 주택에 한해 장기보유특별공제 혜택이 있습니다. 하지만 9·13 대책 이후 매매 계약이 체결되는 건들은 조정대상 지역 내에 취득할 경우 1주택 이상자가 임대 등록을 한다고 하더라도 양도소득세가 중과되고 종합부동산세가 합산 과세됩니다. 임대 주택에 대한 혜택이 과도하다는 것입니다.

단, 임대사업자로 등록하면 임대료 인상률을 5% 이내로 하고 의무임대 기간을 채워야 합니다. 만약 미충족 시 그동안 받았던 세금 혜택을 다 반환하고 과태료까지 부담해야 합니다. 또한 기준시가가 수도권의 경우 6억 원을 초과하고(비수도권은 3억 원 초과) 국민주택 규모를 초과하는 경우에는 세법상 세제 혜택이 주어지지 않을 수 있으므로 주의해야 합니다.

06

부동산 매매사업자가
정말 유리할까?

매매사업자 등록 시 납부해야 할 세금은?

부동산 투자자들 중에 일명 단타를 통해 시세 차익을 주로 노리는 경우, 부동산 매매사업자로 사업자 등록을 할 것인지 여부를 많이 고민합니다.

양도소득세 중과세가 적용되는 1년 미만 동안 보유하는 부동산을 매매할 경우 양도소득세로 40~50%라는 고율의 세금을 부담해야 하지만, 부동산 매매사업자로 사업자 등록을 하면 매매 차익에 대해 6~42%의 세율이 적용되기 때문입니다. 또한 부동산 매매사업자 등록을 하게 되면 필요경비로 인정되는 범위가 넓어집니다. 도배 및 장판 교체 비용, 대출금 이자비용, 차량유지비, 교통비 등이 소득세 신고 시 비용으로 인정받을 수 있기 때문입니다. 또한 부동산 매매사업자가 되면 일반인에 비해 대출 규제를 덜 받아서 대출을 더 많이 받을 수 있고, 결손금을 10년간 이월해서 사용할 수 있는 장점도 있습니다.

하지만 매매사업자라고 할지라도 '비교과세'라는 제도를 통하여 비사업용 토지, 미등기 양도자산, 다주택 중과주택, 조정대상 지역 분양권을 매매하는 경우 양도소득세와 비교하여 높은 세금을 납부하도록 되어 있습니다. 또한 국민주택 범위 이하의 주택은 부가가치세를 내지 않지만 국민주택 범위를 초과하는 주택은 부가세를 부담해야 합니다.

예를 들어, 85m²를 초과하는 아파트를 5억 원에 매도하는 경우 부동산 매매업자라면 건물 부분에 대한 부가세가 발생합니다. 건물 가액이 2억 원이라면 2,000만 원의 부가세가 발생하고 이를 납부해야 하는데 매매 계약 시 부가세 부분에 대해서 제대로 언급하지 않으면 2,000만 원을 본인이 부담해야 할 수 있습니다.

따라서 반드시 부동산 매매 계약을 할 때 사업자를 낸 경우라면 부가세 부분에 대해서 구체적으로 명시해야 합니다. 그렇다고 해서 부가세를 내지 않기 위해서 부동산 매매사업자로 등록을 안 하고 매매 거래를 반복한다면 문제가 없을까요? 이 또한 국세청에서 가만히 두지 않습니다. 국세청에서 간주매매사업자로 볼 것인지 여부는 부동산의 취득 및 보유 현황, 양도 횟수 등을 보고 종합적으로 판단할 사항이지만, 최소한의 기준을 보면 1 과세기간(6개월) 중 1회 이상 취득하고 2회 이상 판매하는 경우 부동산 매매업을 영위하는 것으로 간주한다고 보면 됩니다. 시간이 흘러 나중에 간주매매사업자로 확정되면 이전 거래 건에 대해 부가세를 가산세와 함께 부담해야 하므로 이 점을 유의해야 합니다.

　더불어 최근 9·13 대책으로 부동산 매매사업자를 개인사업자로 낼 경우 큰 효익이 없습니다(조정대상 지역 내 다주택 중과 등이 적용되고 대출도 한계가 있으므로). 그래서 부동산 매매법인 설립을 통해 다주택자 중과 및 대출 제한을 회피하고 있습니다. 하지만 부동산 매매법인은 취득세 중과와 주택과 비사업용 토지 등의 매매 차익에 대한 추가 과세가 있을 수 있고 개인사업자처럼 자금 유용이 용이하지 않아 이 점을 고려해야 합니다.

9·13 부동산 대책, 무엇이 달라지는 걸까?

…부동산 투자자들이 반드시 확인해야 할 세법 개정 핵심

9·13 부동산 대책이 발표되면서 역대 가장 강력한 부동산 대책이 나왔습니다. 보유세를 강화하겠다던 정부의 의지를 그대로 반영하여 현실화한 것입니다. 주요 내용은 투기 수요 차단 및 실수요자 보호, 서민을 위한 주택 공급 확대, 제도·행정 측면의 조세정의 구현, 지방 주택시장 맞춤형 대응입니다. 그중에서도 조세정의 구현을 위해 세법이 어떻게 변화되는지 핵심 내용을 살펴보도록 하겠습니다.

고가 1주택자의 양도세 강화됐다

양도세 측면에서 보면, 고가 1주택자의 장기보유특별공제 요건이 강화되었습니다. 1세대 1주택자가 고가주택을 양도하는 경우, 양도가액이 9억 원을 초과하면 9억 원 초과분에 대해서 기존에는 거주기간과 상관없이 '보유' 기간에 따라 24~80%의 장기보유특별공제가 적용되었습니다. 하지만 2020년 1월 1일 이후 양도하는 분부터는 2년 이상 거주한 경우에 한해 1세대 1주택의 장기보유특별공제율인 24~80%를 적용하고, 2년 미만 거주 시에는 일반 장기보유특별공제율인 6~30%가 적용됩니다.

또한 이사를 가고자 하는 1세대가 기존 주택을 처분하기 전에 신규주택을 취득하여 일시적으로 2주택자가 된 경우에 기존 주택과 신규주택이 모두 조정대상 지역 내에 위치한다면, 신규주택을 취득하고 3년이 아닌 '2년 이내'에 기존 주택을 처분해야만 양도세를 비과세 적용받을 수 있습니다. 이때 조건은 기존 주택, 신규주택이 둘 다 조정대상 지역 내에 위치해 있어야 합니다. 이 경우도 대책 발표 이후에 새로이 취득하는 주택부터 적용됩니다. 대책 발표 전 매매 계약을 체결하고 계약금을 지불한 경우에는 종전 규정이 적용됩니다.

장기일반민간임대주택 사업자 규정도 바뀌어

장기일반민간임대주택 사업자(舊 준공공임대사업자)를 대상으로 한 규정도 바뀌었습니다.

정부는 그동안 주택시장 안정화를 위하여 다주택자가 임대료 상승 제한 규정 등이 있는 장기일반민간임대주택 사업자로 사업자 등록을 하면 다양한 혜택을 주었습니다. 예를 들어, 장기일반민간임대주택 사업자(수도권은 6억 원 이하, 비수도권은 3억 원 이하)로 등록 시 조정대상 지역 내일지라도 양도할 때 양도세 중과를 배제하고 종합부동산세를 비과세했습니다. 하지만 2018년 9월 13일 이후 새로 취득하는 주택분부터는 이런 혜택이 전면 배제됩니다.

또한 전용 면적 수도권 85m² 이하, 수도권 외 100m² 이하인 주택은 취득일로부터 3개월 이내에 장기일반민간임대 사업자 등록을 하고 10년 이상 임대하면 양도세를 100% 면제해주거나, 8년 이상 10년 미만 임대할 시에는 장기보유특별공제를 50%, 10년 이상 임대 시에는 70% 공제하는 방법 중 선택할 수 있었습니다. 하지만 대책 발표 후에는 임대 개시 당시 기준 시가가 수도권의 경우 6억 원 이하, 비수도권의 경우 3억 원 이하인 주택에 한하여 적용 가능한 것으로 변경되었습니다.

즉, 기존 혜택이 과도하다는 것입니다. 2018년 4월 1일 기준으로 다주택자들은 이번 정권 내에서는 양도세와 보유세가 계속 증가할 것 같으니 부동산 물건을 빠른 시일 내에 팔지 못할 것이고 부동산 금액은 계속 오를 것이므로 차라리 장기일반민간임대주택 사업자로 등록하고 세금 혜택을 누리는 식의 전략이 가능했습니다. 하지만 정부는 당초 세금 혜택을 왕창 주면 잡힐 것 같던 집값이 여전히 잡히지 않자 세금 혜택을 다시 빼앗는 입장을 취하게 되었습니다.

그러나 9·13 대책은 전부 대책 발표 이후 취득하는 주택에 해당되며, 대책 발표 전 부동산을 취득했거나 매매 계약을 체결하고 계약금을 지불한 경우에는 종전 규정을 적용하므로 아직도 장기일반민간임대주택 사업자 등록은 장점이 많다고 볼 수 있습니다.

다주택 중과와 연이어 발표되는 정부 정책 등으로 세법상 규정이 단기간에 많은 부분이 변경되어 일선에 있는 실무 담당자와 세무·회계사들도 혼란을 겪고 있는 중입니다. 이런 때일수록 꼼꼼히 미리미리 제도를 확인하고 전략을 준비해놓는 것이 필요합니다. 특히 장기일반민간임대주택으로 사업자 등록은 했는지, 조정대상 지역 내에 위치해 있는지, 1세대 몇 주택을 보유하는지, 부동산의 면적과 기준시가는 얼마인지, 증여가 더 유리하지는 않은지 등 다양한 요건을 따져서 최적의 부동산 매매 전략을 짜야 합니다.

때문에 부동산을 매매한 뒤에 세금에 대한 전략을 짜면 이미 늦을 수 있습니다. 부동산을 매매하기 전에 미리 세무대리인과 상담하여 최적의 절세 전략을 준비하는 것을 추천합니다.

부동산 매매·임대 법인이 요즘 대세라고?
…법인 전환 시 손해 보지 않기 위해 꼼꼼히 따져야 할 것은?

2017년 8·2 부동산 대책에 이어 최근 8·27 대책, 9·13 대책이 연달아 발표되면서 조정대상 지역이 추가 지정되고 장기일반민간임대주택 사업자에게 제공하던 혜택 또한 제거되는 등 과열된 부동산시장을 억누르고자 하는 정부의 의지가 강력합니다.

이러한 상황 속에서 부동산 매매 및 임대업 법인을 설립하는 부동산 투자자들이 늘어나고 있는 추세입니다. 앞서 언급한 대로 개인사업자로 부동산 매매·임대업을 하면 중과 등의 혜택을 받을 수 없는 데다 정부의 규제로 대출이 막힌 상태이기 때문입니다.

그러나 부동산 매매법인의 경우, 일반 법인과는 조금 다른 규정이 적용되므로 법인 설립 시 이 사항들을 잘 고려해야 합니다. 법인 설립 과정은 개인사업자와 달리 까다롭고 폐업 절차도 만만치 않기 때문에, 섣불리 결정하여 나중에 후회하는 사업주들을 종종 봅니다. 따라서 다음의 사항을 고려하여 법인 설립 여부를 결정하기를 권합니다.

부동산 매매와 임대 법인은 반드시 부가세를 고려해야 합니다. 이때 부동산 매매 시에는 건물과 토지를 나누어 부가세를 판단해야 합니다. 건물은 일반적인 상가, 사무실, 국민주택 규모를 초과하는 주거용 건물에 부가세가 과세됩니다. 또한 국민주택 규모인 85m^2 이하의 주거용 건물의 경우만 부가세가 면제됩니다. 토지의 매매는 규모와 상관없이 부가세가 과세되지 않습니다.

부동산을 임대하는 경우에는 주거용 건물 외에는 전부 과세되므로 임대 수입이 발생하는 임대 법인은 부가세법상 과세 대상 사업자로서 세금계산서를 발행하고 부가세를 신고해야 합니다. 하지만 주거용 건물을 임대하는 경우에는 면적과 상관없이 부가세가 면제됩니다.

부동산 매매와 임대 법인의 부가세 유형

구분	부동산의 공급	부동산의 임대
건물	a. 일반적인 경우: 과세 b. 국민주택(85m^2 이하) 규모의 공급: 면세	a. 일반적인 경우: 과세 b. 주택의 임대: 면세
토지	면세	a. 일반직인 경우: 과세 b. 주택의 임대: 면세

'소규모 부동산 임대 법인'의 납세 기준 강화돼

다음으로 소규모 부동산 임대업 법인에 대해서는, 업무용 승용차 관련 비용 규제가 강화되었습니다.

소규모 부동산 임대업 법인은, 12월 말을 기준으로 지배주주와 특수관계자가 보유한 주식이 발행주식총수의 50%를 초과하고, 부동산 임대업이 주업이거나 부동산 임대업 소득과 이자소득·배당소득의 합계액이 기업회계기준에 따른 매출액의 70% 이상이면서, 해당 사업연도의 상시근로자 수가 5인 미만인 경우에 해당됩니다.

대부분 부동산 임대업 법인은 지배주주와 특수관계자의 비율이 전체 지분율의 50%를 초과하는 경우가 많고 직원을 별도로 두기보다는 가족회사로 운영되는 경우가 많아 이러한 소규모 임대업 법인 기준에 해당될 가능성이 높습니다.

개정 세법에 따르면, 소규모 부동산 임대 법인이 운행 기록 등을 작성·비치하지 않은 경우에 업무 사용으로 인정되는 최대 금액이 기존에는 1,000만 원(12개월 기준)이었으나, 500만 원(12개월 기준)으로 개정되었습니다. 또한 감가상각비 혹은 감가상각비 상당액 기준이 800만 원(12개월 기준)에서 400만 원(12개월)으로 바뀌었습니다. 이는 법인 자금으로 고급 외제차 등을 보유하고 비용 처리하는 것을 제재하기 위함입니다.

이러한 소규모 부동산 임대업 법인은, 법인임에도 성실신고확인서를 제출해야 하고 3월이 아닌 4월에 법인세를 신고해야 합니다. 형식은 법인사업자의 형태이지만 실질적으로는 개인사업자와 다름없이 운용되고 있는 것입니다. 이는 조세 회피 가능성이 높다고 보아 세무대리인으로 하여금 법인사업자가 성실하게 납세할 수 있도록 유도하고자 위함입니다.

부동산 매매업 법인 등록 시 주의할 점은?

다음으로 부동산 매매업 법인은 주택이나 비사업용 토지를 매매해서 얻은 매매차익에 대해서 10% 추가 과세가 붙습니다. 단 상가나 사업용 오피스텔, 사업용 토지는 추가 과세가 없습니다. 법인세율이 10~25%에 해당되는 매매차익이 있을 경우, 매매차익의 10%가 추가된다고 생각하면 됩니다.

간혹 부동산 매매업 법인으로 법인사업자 등록을 했다가 매매를 위해 취득한 부동산이 팔리지 않아 몇 년간 임대를 두는 경우가 있는데, 이 경우 해당 부동산 소재지로 지점 등기한 후 지점 사업자 등록을 하지 않으면 추후 사업자 미등록에 대한 가산세가 부과될 수 있습니다. 부동산 매매업은 법인 등기부등본상 본점 소재지로 사업자 등록을 하면 되지만, 부동산 임대업의 경우에는 부동산 물건별 소재지로 사업자 등록을 하는 것이 원칙이기 때문입니다.

또한 부동산 매매업을 하다가 임대업을 추가하는 경우에는, 부동산 등기부등본상 목적에 나열되어 있지 않다면 등기부등본을 수정해야 하므로 법무사 등기 수수료가 추가적으로 발생될 수 있습니다. 대부분의 부동산 매매업자들은 임대업과 함께 사업을 하는 경우가 많으므로 애초에 법인사업자를 등록하면서 목적 사항에 부동산 임대업을 추가해두는 것을 잊지 않아야 합니다.

마지막으로 법인의 소재지가 과밀억제권역에 위치해 있고 설립한 지 5년 미만이라면 취득세가 중과됩니다. 주택은 최대 5~8%까지 과세되고 상가는 9.4%까지 과세됩니다. 과밀억제권역은 인구와 산업 시설 등이 과도하게 밀집되어 있거나 그럴 우려가 있다고 보이는 곳으로, 이곳에는 공장·학교·주택 등의 허가가 제한됩니다. 중과세를 피하기 위해서는 본점을 과밀억제권역이 아닌 다른 지역으로 소재지

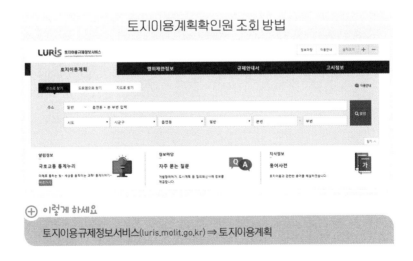

토지이용계획확인원 조회 방법

이렇게 하세요

토지이용규제정보서비스(luris.molit.go.kr) ⇒ 토지이용계획

를 삼는 것을 고려해볼 수 있습니다. 과밀억제권역인지 여부는 해당 지역의 '토지이용계획확인원'을 확인해봐야 합니다.

　부동산 매매 혹은 임대 법인을 계획하고 있다면, 앞서 언급한 사항들을 참고하여 종합적인 판단하에 법인 전환을 고려해야 합니다. 남들이 좋다고 하여 무턱대고 따라한다면 손해를 보는 것은 결국 납세자입니다. 이 점을 반드시 주의하여 의사결정 하세요.

세금 꾸준히 잘 내면, 이런 혜택이?
…금융 성실 납세자를 위한 정부의 특급 혜택, '모범 납세자 우대 제도'

국세청은 성실 납세를 도모하기 위하여 꾸준히 성실하게 납세하는 모범 납세자를 선정하여 매년 3월 3일 '납세자의 날'에 정부 포상 및 표창을 수여하고 있습니다. '모범 납세자 우대제도'는 성실하게 세금을 납부한 국민들로 하여금 자긍심을 가지도록 하고, 성실하게 세금을 납부하는 문화를 장려하기 위해 만든 제도입니다.

그렇다면 어떤 사람들이 모범 납세자로 인정될까요? 모범 납세자 선발 기준은 매년 12월 31일 기준으로 3년 이상 계속사업자로 총 결정세액이 법인사업자는 법인세 5,000만 원 이상인 자, 개인사업자는 소득세 500만 원 이상인 자입니다(선발 기준금액은 매년 달라질 수 있음).

이렇게 모범 납세자로 선정되면 다양한 우대 혜택이 주어집니다.

우선 모범 납세자는 특정 기간 동안 세무조사가 유예된다는 세정상 혜택이 있습니다. 기업의 자금사정 악화 등으로 징수유예 혹은 납부기한 연장 시 5억 원 한도 내에서 납세담보 제공도 면제됩니다. 또한 우대관리 기간 동안에는 법인세 서면분석 대상도 제외됩니다.

세무서 민원 봉사실에 설치된 모범 납세자 전용 창구를 이용하여 빠른 민원 서비스도 받을 수 있습니다. 모범 납세자가 세무관서에 접수한 민원은 법정처리 기한보다 단축하여 신속하게 처리됩니다. 그리고 '모범 납세자 증명'을 발급해주는데, 일반 국세민원 증명 발급 시에도 '모범 납세자표창 이력'을 표기하여 발급해줍니다. 그 밖에 국세공무원교육원 홈페이지를 통해 신청하면 국세공무원교육원의 시설물을 사용할 수 있는 혜택도 주어집니다.

이뿐만 아니라 사회적으로도 다양한 할인 및 우대 혜택이 주어지는데, 일부 제휴된 콘도 요금 할인, 의료비 할인, 금융 금리 우대, 공영주차장 무료 이용 등이 있습니다. 또 공항에서 출입국할 때 전용 심사대를 이용하기 때문에 승무원 전용 보안 검색대에서 보다 빠르게 출입국 심사를 받을 수 있습니다.

지속 체납 시 불이익은?

반면 세금을 성실하게 납부하지 않는 체납자들에게는 어떤 불이익이 있을까요?

세금을 기한 내에 납부하지 않으면 본세에 가산금이 더해져 금액이 계속 커지며, 독촉장을 보내도 납부가 이뤄지지 않으면 정부는 체납자의 재산을 압류하여 국세징수법에 따라 처분해 국세에 충당합니다.

간혹 세금을 안 내고 몇 년간 버티면 된다고 잘못 알고 있는 분들이 있는데, 세금을 납부하지 않고는 통장을 만들 수도 없고 신용카드를 만들 수도 없습니다. 또한 신용등급이 하락하여 신규 대출을 받을 수 없는 등 금융 제재를 받습니다. 그리고 정당한 사유 없이 5,000만 원 이상의 고액을 체납한 사람은 여권 발급이 제한되며 출입국 관리법 제4조에 따라 출국이 금지될 수도 있습니다. 여기에 더해, 체납 기간이 1년 이상, 체납 국세가 2억 원 이상인 사람은 고액 상습 체납자 명단에 올라 국세청 홈페이지에 공개되므로 전 국민으로부터 망신을 당할 수 있습니다.

가장 현명한 절세는 제때 납부해야 할 세금을 빠짐없이 납부하는 것입니다. 다시 한 번 언급하면 세금은 벌어들인 순이익에 대해서 내는 것이며, 특히 근로자가 아닌 사업주는 벌어들인 금액 중 세금을 별도로 구분해서 보관해두는 습관을 들여야 합니다. 제 고객님 중 한 분은 세금을 위해 별도로 적금을 만드셨는데, 이렇게 철저히 대비해두는 것이 세금 걱정 없이 사업을 오랫동안 계속 이어갈 수 있는 가장 현명한 방법이라고 확신합니다.

참고자료

■ 소비자 상대업종(소득세법 시행령 별표 3의2)

구분	업종
소매업	복권소매업 등 아래의 업종을 제외한 소매업 전체 업종 1. 노점상업·행상업 2. 무인자동판매기를 이용하여 재화 또는 용역을 공급하는 자동판매기 운영업 3. 자동차소매업 4. 우표·수입인지소매업 및 복권소매업
숙박 및 음식점업	숙박 및 음식점업 전체 업종
제조업	양복점업 등 아래 업종 1. 과자점업, 도정업 및 제분업(떡방앗간을 포함한다) 2. 양복점업, 양장점업 및 양화점업
건설업	실내건축 및 건축마무리 공사업
도매업	자동차중개업
부동산업 및 임대업	부동산중개업, 부동산감정업(감정평가사업을 포함한다), 의류임대업
운수업	전세버스 운송업, 이사화물운송주선사업, 장의차량 운영업, 주차장 운영업, 일반 및 국외 여행사업, 국내 여행사업, 기타 여행보조 및 예약 서비스업, 여객 자동차 터미널 운영업, 소화물 전문 운송업
전문·과학 및 기술 서비스업	변호사업, 변리사업, 공증인업, 법무사업, 행정사업, 공인노무사업, 공인회계사업(기장대리를 포함한다), 세무사업(기장대리를 포함한다), 건축설계 및 관련 서비스업, 기술사업, 심판변론인업, 경영지도사업, 기술지도사업, 손해사정인업, 통관업, 측량사업, 인물사진 및 행사용비디오 촬영업, 사진처리업
교육 서비스업	컴퓨터학원, 속기학원 등 그 외 기타 분류 안 된 교육기관, 운전학원, 자동차정비학원 등 기타 기술 및 직업훈련학원, 일반 교과 학원, 외국어학원, 방문 교육 학원, 온라인 교육 학원, 기타 일반 교습학원, 예술 학원, 스포츠 교육기관, 기타 교육지원 서비스업
보건업 및 사회복지 서비스업	종합병원, 일반병원, 치과병원, 한방병원, 일반의원(일반과, 내과, 소아청소년과, 일반외과, 정형외과, 신경과, 정신건강의학과, 피부과, 비뇨의학과, 안과, 이비인후과, 산부인과, 방사선과 및 성형외과), 기타의원(마취통증의학과, 결핵과, 가정의학과, 재활의학과 등 달리 분류되지 아니한 병과), 치과의원, 한의원, 수의업

구분	업종
예술, 스포츠 및 여가 관련 서비스업	영화관 운영업, 비디오물 감상실 운영업, 독서실 운영업, 박물관 운영업, 식물원 및 동물원 운영업, 실내 경기장 운영업, 실외 경기장 운영, 경주장 운영업(경마장 운영업을 포함한다), 골프장 운영업, 스키장 운영업, 체력단련시설 운영업, 수영장 운영업, 볼링장 운영업, 당구장 운영업, 종합 스포츠시설 운영업, 골프연습장 운영업, 스쿼시장 등 그 외 기타 스포츠시설 운영업.. 컴퓨터 게임방 운영업, 노래연습장 운영업, 오락사격장 등 기타 오락장 운영업, 해수욕장 운영 등 기타 수상오락 서비스업, 낚시장 운영업, 무도장 운영업, 유원지 및 테마파크 운영업, 기원 운영업
협회 및 단체, 수리 및 기타 개인 서비스업	일반 기계 수리업(건설·광업용 기계 및 장비 수리업은 제외한다), 컴퓨터 및 사무용 기기 수리업, 통신장비 수리업, 전기 및 정밀기기 수리업, 자동차 종합 수리업, 자동차 전문 수리업, 자동차 세차업, 모터사이클 수리업, 가전제품 수리업, 신발, 의복 및 기타 가정용 직물제품 수리업, 시계, 귀금속 및 악기 수리업, 보일러수리 등 그 외 기타 개인 및 가정용품 수리업, 이용업, 두발미용업, 피부미용업, 손발톱 관리 등 기타 미용업, 욕탕업, 마사지, 다이어트센터 등 기타 미용관련 서비스업, 가정용 세탁업, 세탁물 공급업, 장례식장 및 장의관련 서비스업, 화장, 묘지분양 및 관리업, 예식장업, 점술 및 유사 서비스업, 산후조리원, 맞선주선 및 결혼 상담업
가구내 고용활동	놀이방·어린이집(「영유아보육법」 제13조에 따라 설치·인가된 경우는 제외한다)

■ 현금영수증 의무발행업종(소득세법 시행령 별표 3의 3)

구분	업종
사업서비스업	변호사업, 공인회계사업, 세무사업, 변리사업, 건축사업, 법무사업, 심판변론인업, 경영지도사업, 기술지도사업, 감정평가사업, 손해사정인업, 통관업, 기술사업, 측량사업, 공인노무사업
보건업	종합병원, 일반병원, 치과병원, 한방병원, 일반의원(일반과, 내과, 소아청소년과, 일반외과, 정형외과, 신경과, 정신건강의학과, 피부과, 비뇨의학과, 안과, 이비인후과, 산부인과, 방사선과 및 성형외과), 기타의원(마취통증의학과, 결핵과, 가정의학과, 재활의학과 등 달리 분류되지 아니한 병과), 치과의원, 한의원, 수의업
숙박 및 음식점업	일반유흥 주점업(「식품위생법 시행령」 제21조제8호다목에 따른 단란주점영업을 포함한다), 무도유흥 주점업, 관광숙박시설 운영업, 출장 음식 서비스업
교육 서비스업	일반 교습 학원, 예술 학원, 운전학원, 스포츠 교육기관, 기타 교육지원 서비스업
그 밖의 업종	골프장 운영업, 장례식장 및 장의관련 서비스업, 예식장업, 부동산 자문 및 중개업, 산후조리원, 시계 및 귀금속 소매업, 피부미용업, 다이어트센터 등 기타 미용관련 서비스업, 실내건축 및 건축마무리 공사업(도배업만 영위하는 경우는 제외한다), 인물사진 및 행사용비디오 촬영업(결혼사진 및 비디오 촬영업으로 한정한다), 맞선주선 및 결혼 상담업, 의류 임대업, 「화물자동차 운수사업법 시행령」 제9조제1호에 따른 이사화물 운송주선사업(포장이사운송업으로 한정한다), 자동차 부품 및 내장품 판매업, 자동차 종합 수리업, 자동차 전문 수리업, 전세버스 운송업, 가구 소매업, 전기용품 및 조명장치 소매업, 의료용 기구 소매업, 페인트, 유리 및 그 밖의 건설자재 소매업, 안경 소매업, 운동 및 경기용품 소매업, 예술품 및 골동품 소매업, 중고자동차 소매업 및 중개업

■ 조세특례제한법 제6조 [창업중소기업 등에 대한 세액감면]

③ 창업중소기업과 창업벤처중소기업의 범위는 다음 각 호의 업종을 경영하는 중소기업으로 한다. (2010.1.1. 개정)

1. 광업 (2010.1.1. 개정)
2. 제조업(제조업과 유사한 사업으로서 대통령령으로 정하는 사업을 포함한다. 이하 같다) (2016. 12.20. 개정)
3. 건설업 (2010.1.1. 개정)
4. 음식점업 (2010.1.1. 개정)
5. 출판업 (2010.1.1. 개정)
6. 영상·오디오 기록물 제작 및 배급업(비디오물 감상실 운영업은 제외한다) (2010.1.1. 개정)
7. 방송업 (2010.1.1. 개정)
8. 전기통신업 (2010.1.1. 개정)
9. 컴퓨터 프로그래밍, 시스템통합 및 관리업 (2010.1.1. 개정)
10. 정보서비스업(뉴스제공업은 제외한다) (2010.1.1. 개정)
11. 연구개발업 (2010.1.1. 개정)
12. 광고업 (2010.1.1. 개정)
13. 그 밖의 과학기술서비스업 (2010.1.1. 개정)
14. 전문디자인업 (2010.1.1. 개정)
15. 전시·컨벤션 및 행사대행업 (2017.12.19. 개정)
16. 창작 및 예술관련 서비스업(자영예술가는 제외한다) (2010.1.1. 개정)
17. 대통령령으로 정하는 엔지니어링사업(이하 "엔지니어링사업"이라 한다) (2010.1.1. 개정)
18. 대통령령으로 정하는 물류산업(이하 "물류산업"이라 한다) (2010.1.1. 개정)
19. 「학원의 설립·운영 및 과외교습에 관한 법률」에 따른 직업기술 분야를 교습하는 학원을 운영하는 사업 또는 「근로자직업능력 개발법」에 따른 직업능력개발훈련시설을 운영하는 사업(직업능력개발훈련을 주된 사업으로 하는 경우에 한한다) (2010.12.27. 개정)
20. 「관광진흥법」에 따른 관광숙박업, 국제회의업, 유원시설업 및 대통령령으로 정하는 관

광객이용시설업 (2010.1.1. 개정)

21. 「노인복지법」에 따른 노인복지시설을 운영하는 사업 (2010.1.1. 개정)

22. 「전시산업발전법」에 따른 전시산업 (2010.1.1. 개정)

23. 인력공급 및 고용알선업(농업노동자 공급업을 포함한다) (2010.12.27. 신설)

24. 건물 및 산업설비 청소업 (2010.12.27. 신설)

25. 경비 및 경호 서비스업 (2010.12.27. 신설)

26. 시장조사 및 여론조사업 (2010.12.27. 신설)

27. 사회복지 서비스업 (2013.1.1. 신설)

28. 보안시스템 서비스업 (2015.12.5. 신설)

29. 통신판매업 (2018.5.29. 신설)

30. 개인 및 소비용품 수리업 (2018.5.29. 신설)

31. 이용 및 미용업 (2018.5.29. 신설)

■ 조세특례제한법 제6조[창업중소기업 등에 대한 세액감면].

⑩ 제1항부터 제9항까지의 규정을 적용할 때 다음 각 호의 어느 하나에 해당하는 경우는 창업으로 보지 아니한다. (2018.5.29. 개정)

1. 합병·분할·현물출자 또는 사업의 양수를 통하여 종전의 사업을 승계하거나 종전의 사업에 사용되던 자산을 인수 또는 매입하여 같은 종류의 사업을 하는 경우. 다만, 다음 각 목의 어느 하나에 해당하는 경우는 제외한다. (2017.12.19. 단서개정)

    가. 종전의 사업에 사용되던 자산을 인수하거나 매입하여 같은 종류의 사업을 하는 경우 그 자산가액의 합계가 사업 개시 당시 토지·건물 및 기계장치 등 대통령령으로 정하는 사업용자산의 총가액에서 차지하는 비율이 100분의 50 미만으로서 대통령령으로 정하는 비율 이하인 경우 (2017.12.19. 신설)

    나. 사업의 일부를 분리하여 해당 기업의 임직원이 사업을 개시하는 경우로서 대통령령으로 정하는 요건에 해당하는 경우 (2017.12.19. 신설)

2. 거주자가 하던 사업을 법인으로 전환하여 새로운 법인을 설립하는 경우 (2010.1.1. 개정)

3. 폐업 후 사업을 다시 개시하여 폐업 전의 사업과 같은 종류의 사업을 하는 경우 (2010.1.1. 개정)

4. 사업을 확장하거나 다른 업종을 추가하는 경우 등 새로운 사업을 최초로 개시하는 것으로 보기 곤란한 경우 (2010.1.1. 개정)

■ 고용증대세제 청년 중심으로 지원 확대 및 적용기한 연장(조특법 §29의7)

현행	개정안

현행

- **■ 고용증대세제**
- • (공제금액) 고용증가 시 1인당 연간 일정금액 공제

(단위: 만 원)

	중소기업		중견기업	대기업
	수도권	지방		
상시근로자	700	770	450	–
청년정규직	1,000	1,100	700	300

〈신설〉

- • (공제기간) 대기업 1년, 중소·중견 2년
- • (적용기한) '20.12.31.

개정안

- **■ 고용증대세제 지원 확대**
- • 청년친화기업이 청년 정규직 고용 시 공제금액 500만 원 추가

(단위: 만 원)

		중소기업		중견기업	대기업
		수도권	지방		
상시근로자		700	770	450	–
청년정규직	일반	1,000	1,100	700	300
	청년친화기업	1,500	1,600	1,200	800

청년친화기업 요건

중소·중견기업 (①또는 ②충족)	① 임금 수준 및 청년 근로자 비중이 높은 기업으로 시행령으로 정하는 기업 ② 청년근로자의 근무 여건이 우수한 기업으로 시행령으로 정하는 기업
대기업	해당 과세연도 청년 고용증가율이 직전 3개년도 평균 청년고용증가율보다 큰 기업

- • 대기업 1년 → 2년, 중소·중견 2년 → 3년
- • '21.12.31.

※ 개정이유: 청년 일자리 창출 기업에 대한 세제지원 강화
※ 적용시기: '19.1.1. 이후 신고하는 분부터 적용

■ 주된 업종별 평균매출액 등의 중소기업 규모 기준
(중소기업기본법 시행령 별표 1)

해당 기업의 주된 업종	분류기호	규모 기준
1. 의복, 의복액세서리 및 모피제품 제조업	C14	
2. 가죽, 가방 및 신발 제조업	C15	
3. 펄프, 종이 및 종이제품 제조업	C17	평균매출액 등 1,500억 원 이하
4. 1차 금속 제조업	C24	
5. 전기장비 제조업	C28	
6. 가구 제조업	C32	
7. 농업, 임업 및 어업	A	
8. 광업	B	
9. 식료품 제조업	C10	
10. 담배 제조업	C12	
11. 섬유제품 제조업(의복 제조업은 제외한다)	C13	
12. 목재 및 나무제품 제조업(가구 제조업은 제외한다)	C16	
13. 코크스, 연탄 및 석유정제품 제조업	C19	평균매출액 등 1,000억 원 이하
14. 화학물질 및 화학제품 제조업(의약품 제조업은 제외한다)	C20	
15. 고무제품 및 플라스틱제품 제조업	C22	
16. 금속가공제품 제조업(기계 및 가구 제조업은 제외한다)	C25	
17. 전자부품, 컴퓨터, 영상, 음향 및 통신장비 제조업	C26	
18. 그 밖의 기계 및 장비 제조업	C29	
19. 자동차 및 트레일러 제조업	C30	
20. 그 밖의 운송장비 제조업	C31	

업종	분류	평균매출액 등
21. 전기, 가스, 증기 및 공기조절 공급업	D	
22. 수도업	E36	평균매출액 등 1,000억 원 이하
23. 건설업	F	
24. 도매 및 소매업	G	
25. 음료 제조업	C11	
26. 인쇄 및 기록매체 복제업	C18	
27. 의료용 물질 및 의약품 제조업	C21	
28. 비금속 광물제품 제조업	C23	
29. 의료, 정밀, 광학기기 및 시계 제조업	C27	평균매출액 등 800억 원 이하
30. 그 밖의 제품 제조업	C33	
31. 수도, 하수 및 폐기물 처리, 원료재생업 (수도업은 제외한다)	E(E36 제외)	
32. 운수 및 창고업	H	
33. 정보통신업	J	
34. 산업용 기계 및 장비 수리업	C34	
35. 전문, 과학 및 기술 서비스업	M	
36. 사업시설관리, 사업지원 및 임대 서비스업 (임대업은 제외한다)	N(N76 제외)	평균매출액 등 600억 원 이하
37. 보건업 및 사회복지 서비스업	Q	
38. 예술, 스포츠 및 여가 관련 서비스업	R	
39. 수리(修理) 및 기타 개인 서비스업	S	
40. 숙박 및 음식점업	I	평균매출액 등 400억 원 이하

41. 금융 및 보험업	K	
42. 부동산업	L	평균매출액 등
43. 임대업	N76	400억 원 이하
44. 교육 서비스업	P	

※ 해당 기업의 주된 업종의 분류 및 분류기호는 「통계법」 제22조에 따라 통계청장이 고시한 한국표준산업분류에 따른다.

※ 위 표 제19호 및 제20호에도 불구하고 자동차용 신품 의자 제조업(C30393), 철도 차량 부품 및 관련 장치물 제조업(C31202) 중 철도 차량용 의자 제조업, 항공기용 부품 제조업(C31322) 중 항공기용 의자 제조업의 규모 기준은 평균매출액 등 1,500억 원 이하로 한다.

■ 주된 업종별 평균매출액등의 소기업 규모 기준
(중소기업기본법 시행령 별표 3)

해당 기업의 주된 업종	분류기호	규모 기준
1. 식료품 제조업	C10	
2. 음료 제조업	C11	
3. 의복, 의복액세서리 및 모피제품 제조업	C14	
4. 가죽, 가방 및 신발 제조업	C15	
5. 코크스, 연탄 및 석유정제품 제조업	C19	
6. 화학물질 및 화학제품 제조업(의약품 제조업은 제외한다)	C20	
7. 의료용 물질 및 의약품 제조업	C21	
8. 비금속 광물제품 제조업	C23	
9. 1차 금속 제조업	C24	평균매출액 등 120억 원 이하
10. 금속가공제품 제조업(기계 및 가구 제조업은 제외한다)	C25	
11. 전자부품, 컴퓨터, 영상, 음향 및 통신장비 제조업	C26	
12. 전기장비 제조업	C28	
13. 그 밖의 기계 및 장비 제조업	C29	
14. 자동차 및 트레일러 제조업	C30	
15. 가구 제조업	C32	
16. 전기, 가스, 증기 및 공기조절 공급업	D	
17. 수도업	E36	
18. 농업,임업 및 어업	A	
19. 광업	B	평균매출액 등 80억 원 이하
20. 담배 제조업	C12	

21. 섬유제품 제조업(의복 제조업은 제외한다)	C13	
22. 목재 및 나무제품 제조업(가구 제조업은 제외한다)	C16	
23. 펄프, 종이 및 종이제품 제조업	C17	
24. 인쇄 및 기록매체 복제업	C18	
25. 고무제품, 및 플라스틱제품 제조업	C22	
26. 의료, 정밀, 광학기기 및 시계 제조업	C27	평균매출액 등 80억 원 이하
27. 그 밖의 운송장비 제조업	C31	
28. 그 밖의 제품 제조업	C33	
29. 건설업	F	
30. 운수 및 창고업	H	
31. 금융 및 보험업	K	
32. 도매 및 소매업	G	평균매출액 등 50억 원 이하
33. 정보통신업	J	
34. 수도, 하수 및 폐기물 처리, 원료재생업 (수도업은 제외한다)	E(E36 제외)	
35. 부동산업	L	평균매출액 등 30억 원 이하
36. 전문·과학 및 기술 서비스업	M	
37. 사업시설관리, 사업지원 및 임대 서비스업	N	
38. 예술, 스포츠 및 여가 관련 서비스업	R	
39. 산업용 기계 및 장비 수리업	C34	평균매출액 등 10억 원 이하
40. 숙박 및 음식점업	I	
41. 교육 서비스업	P	

42. 보건업 및 사회복지 서비스업	Q	평균매출액 등
43. 수리(修理) 및 기타 개인 서비스업	S	10억 원 이하

※ 해당 기업의 주된 업종의 분류 및 분류기호는 「통계법」 제22조에 따라 통계청장이 고시한 한국표준산업분류에 따른다.

※ 위 표 제27호에도 불구하고 철도 차량 부품 및 관련 장치물 제조업(C31202) 중 철도 차량용 의자 제조업, 항공기용 부품 제조업(C31322) 중 항공기용 의자 제조업의 규모 기준은 평균매출액 등 120억 원 이하로 한다.

■종합부동산세 개편안(종부세법 §9등)

과세표준 (시가)	현행	당초 정부안		수정안	
		2주택 이하	3주택 이상	일반	3주택 이상 & 조정대상 지역 2주택
3억 원 이하 (1주택 18억 원 이하 다주택 14억 원 이하)*	0.5%	현행 유지	현행 유지	현행 유지	0.6% (+0.1%p)
3~6억 원 (1주택 18~23억 원 다주택 14~19억 원)				0.7% (+0.2%p)	0.9% (+0.4%p)
6~12억 원 (1주택 23~34억 원 다주택 19~30억 원)	0.75%	0.85% (+0.1%p)	1.15% (+0.4%p)	1.0% (+0.25%p)	1.3% (+0.55%p)
12~50억 원 (1주택 34~102억 원 다주택 30~98억 원)	1.0%	1.2% (+0.2%p)	1.5% (+0.5%p)	1.4% (+0.4%p)	1.8% (+0.8%p)
50~94억 원 (1주택 102~181억 원 다주택 98~176억 원)	1.5%	1.8% (+0.3%p)	2.1% (+0.6%p)	2.0% (+0.5%p)	2.5% (+1.0%p)
94억 원 초과 (1주택 181억 원 초과 다주택 176억 원 초과)	2.0%	2.5% (+0.5%p)	2.8% (+0.8%p)	2.7% (+0.7%p)	3.2% (+1.2%p)
세 부담 상한	150%	현행 유지		150%	300%

* 1주택자 공시가격 9억 원(시가 약 13억 원) 이하, 다주택자 공시가격 6억 원(시가 약 9억 원)은 과세 제외

※ ( )는 현행 대비 증가 세율

■ 종합부동산세 부담 계산 사례 비교

□ 1세대 1주택자(세액공제 0%)

(단위: 만 원, %)

	과세표준 (공시가격) (시가)	3억 원 (12.7억 원) (18억 원)	6억 원 (16.5억 원) (23.6억 원)	12억 원 (24억 원) (34억 원)	21억 원 (35억 원) (50억 원)	50억 원 (72억 원) (102억 원)	94억 원 (127억 원) (181억 원)
종부세	현행	94	187	554	1,375	4,020	10,673
	당초안 (만 원, %)	99 (+5, 5.3)	215 (+28, 15.0)	713 (+159, 28.7)	1,814 (+439, 31.9)	5,589 (+1,569, 39)	14,834 (+4,161, 39)
	수정안 (만 원, %)	104 (+10, 10.6)	293 (+106, 56.7)	911 (+357, 64.4)	2,242 (+867, 63.1)	6,500 (+2,480, 61.7)	16,435 (+5,762, 54.0)
	재산세 등	399	538	817	1,236	2,584	4,630
보유세	현행	492	725	1,372	2,611	6,604	15,303
	당초안 (만 원, %)	498 (+5, 1.2)	753 (+28, 3.8)	1,530 (+159, 11.5)	3,050 (+439, 16.8)	8,173 (+1,569, 23.8)	19,464 (+4,161, 27.2)
	수정안 (만 원, %)	503 (+10, 2.1)	832 (+106, 14.6)	1,728 (+357, 26.0)	3,478 (+867, 33.2)	9,084 (+2,480, 37.6)	21,065 (+5,762, 37.7)

□ 조정지역 2주택 또는 3주택 이상자

(단위: 만 원, %)

	과세표준 (공시가격) (합산시가)	3억 원 (9.8억 원) (14억 원)	6억 원 (13.5억 원) (19억 원)	12억 원 (21억 원) (30억 원)	21억 원 (32억 원) (46억 원)	50억 원 (69억 원) (98억 원)	94억 원 (124억 원) (176억 원)
	현행	94	187	554	1,375	4,020	10,673
종 부 세	당초안 (만 원, %)	99 (+5, 5.3)	228 (+41, 21.9)	979 (+425, 76.7)	2,254 (+879, 63.9)	6,479 (+2,459, 61.2)	16,424 (+5,751, 53.9)
	수정안 (만 원, %)	144 (+50, 53.2)	415 (+228, 121.9)	1,271 (+717, 129.4)	3,061 (+1,696, 122.6)	9,092 (+5,072, 126.2)	22,264 (+11,591, 108.6)
	제산세 등	287	427	706	1,124	2,473	4,519
	현행	381	614	1,260	2,499	6,493	15,191
보 유 세	당초안 (만 원, %)	387 (+5, 1.5)	655 (+41, 6.7)	1,685 (+425, 33.7)	3,378 (+879, 35.2)	8,951 (+2,459, 37.9)	20,942 (+5,751, 37.9)
	수정안 (만 원, %)	432 (+50, 13.4)	842 (+228, 37.1)	1,976 (+717, 56.9)	4,185 (+1,686, 67.4)	11,564 (+5,072, 78.1)	26,782 (+11,591, 76.3)

※ 2019년 공시가격을 기준으로 계산, 종부세 = 종부세 + 농특세(종부세의 20%)
　제산세 등 = 재산세 + 지방교육세(재산세의 20%) + 도시지역분(재산세 과표의 1.4/1,000)
※ 세 부담 상한 적용: (당초안) 150%, (수정안) 조정대상 지역 2주택자 및 3주택 이상자 300%, 1주택자 및 기타 2주택자
　150%

■ 종합부동산세 개편에 따른 대상인원 및 세수 효과

(단위: 만 명, 억 원)

구분	인원* ('16년 기준)	세수 효과	
		당초 정부안	수정안**
주택	27.4***	+1,500	+4,200(+2,700)
종합합산토지	6.7	+5,500	좌동
별도합산토지	0.8	+450	좌동
합계	34.9	+7,450	+10,150(+2,700)

*국세통계연보
** ( )는 당초 정부안 대비 증가
*** 세율 인상 대상인원('16년 결정 기준): (당초 정부안) 2.6만 명 (수정안) 21.8만 명

장기보유특별공제

(단위: %)

지역 구분	조정대상 지역 외				조정대상 지역					
	~2018		2019~		~2018		2019~		~2018.3	2018.4~
보유기간	토지건물	1주택	토지건물	1주택	토지건물	1주택	토지건물	1주택	2주택 ↑	2주택 ↑
3~4년	10	24	6	24	10	24	6	24	10	
4~5년	12	32	8	32	12	32	8	32	12	
5~6년	15	40	10	40	15	40	10	40	15	
6~7년	18	48	12	48	18	48	12	48	18	
7~8년	21	56	14	56	21	56	14	56	21	
8~9년	24	64	16	64	24	64	16	64	24	
9~10년	27	72	18	72	27	72	18	72	27	적용배제
10~11년	30	80	20	80	30	80	20	80	30	
11~12년			22				22			
12~13년			24				24			
13~14년			26				26			
14~15년			28				28			
15년 이상			30				30			

※ 적용시기: '18.4.1 이후 양도하는 주택부터 적용
※ 2020.1.1 이후부터는 실거래가 9억 원을 초과하는 고가 주택을 보유한 1주택자는 2년 이상 거주한 경우에 한해 장기
　보유특별공제(10년 80%)를 적용받을 수 있고 2년 미만 거주 시 일반 장기보유특별공제율(15년 30%)이 적용됩니다
　(2018.9.13 대책).

절세미녀의
세금 지우개

1판 1쇄 인쇄 | 2018년 11월 29일
1판 1쇄 발행 | 2018년 12월 7일

지은이 김희연
펴낸이 김기옥

경제경영팀장 모민원 기획 편집 변호이, 김광현
커뮤니케이션 플래너 박진모
경영지원 고광현, 임민진
제작 김형식

디자인 제이알컴
본문 일러스트 정민영
인쇄 · 제본 민언프린텍

펴낸곳 한스미디어(한즈미디어(주))
주소 121-839 서울특별시 마포구 양화로 11길 13(서교동, 강원빌딩 5층)
전화 02-707-0337 | 팩스 02-707-0198 | 홈페이지 www.hansmedia.com
출판신고번호 제 313-2003-227호 | 신고일자 2003년 6월 25일

ISBN 979-11-6007-329-4 13320